Abels · Wirtschaftsstatistik

MODERNE LEHRTEXTE:
WIRTSCHAFTSWISSENSCHAFTEN

Bd. 1 Günter Menges
Grundmodelle wirtschaftlicher Entscheidungen
Einführung in moderne Entscheidungstheorien unter besonderer Berücksichtigung volks- und betriebswirtschaftlicher Anwendungen

Bd. 2 Adolf Adam / Elmar Helten / Friedrich Scholl
Kybernetische Modelle und Methoden
Einführung für Wirtschaftswissenschaftler

Bd. 3 Henry Theil / John C. Boet / Teun Kloek
Prognosen und Entscheidungen
Einführung in Unternehmensforschung und Ökonometrie

Bd. 4 Dieter Schneider
Investition und Finanzierung
Lehrbuch der Investitions-, Finanzierungs- und Ungewißheitstheorie

Bd. 5 Wilhelm W. Wacker
Betriebswirtschaftliche Informationstheorie
Grundlagen des Informationssystems

Bd. 6 Helmut Laux
Flexible Investitionsplanung
Einführung in die Theorie der sequentiellen Entscheidungen bei Unsicherheit

Bd. 7 Jörg Baetge
Betriebswirtschaftliche Systemtheorie
Regelungstheoretische Planungs-Überwachungsmodelle für Produktion, Lagerung und Absatz

Bd. 8 Dieter Schneider
Grundzüge der Unternehmensbesteuerung

Bd. 9 Helmut Reichardt
Statistische Methodenlehre für Wirtschaftswissenschaftler

Bd. 10 Franz Ferschl
Nutzen- und Entscheidungstheorie
Einführung in die Logik der Entscheidungen

Bd. 11 Jörg Baetge (Hrsg.)
Grundlagen der Wirtschafts- und Sozialkybernetik
Betriebswirtschaftliche Kontrolltheorie

Bd. 12 Bernd Leiner
Spektralanalyse
Einführung in Theorie und Praxis moderner Zeitreihenanalyse

Bd. 13 Siegmar Stöppler
Mathematik für Wirtschaftswissenschaftler

Bd. 14 Heiner Abels
Wirtschaftsstatistik

Bd. 15 Manfred Borchert
Außenwirtschaftslehre
Theorie und Politik

Bd. 16 Eberhard Witte / Alfred Thimm (Hrsg.)
Entscheidungstheorie

Bd. 17 Ulrich Leffson
Wirtschaftsprüfung

Heiner Abels

Wirtschaftsstatistik

Westdeutscher Verlag

Umschlaggestaltung: Hanswerner Klein, Opladen
Satz: Günter Hartmann, Nauheim

ISBN-13: 978-3-531-11359-3 e-ISBN-13: 978-3-322-86444-4
DOI: 10.1007/978-3-322-86444-4

Inhalt

Verzeichnis der Übersichten 7

Vorwort 9

A. Grundbegriffe 11

1. Wirtschaftsstatistik, Statistische Methodenlehre und Wirtschaftswissenschaft 11

2. Amtliche Statistik in der Bundesrepublik Deutschland 13
2.1. Organisation 13
2.2. Systematiken 15
2.3. Erhebungsformen 18
2.4. Ausgewählte Erhebungen 19
2.5. Quellen 27

3. Methodische Grundlagen 29
3.1. Elementare Transformationen wirtschaftsstatistischer Daten 29
3.2. Mittelwerte 32
3.3. Indexzahlen 33
3.3.1. Konstruktion von Indexzahlen 33
3.3.2. Interpretation von Laspeyres- und Paascheindizes 37
3.3.3. Anwendungsprobleme in der amtlichen Statistik 37

4. Fehler in wirtschaftsstatistischen Daten und Fehlerfortpflanzung . 40
4.1. Fehlerarten und Fehlerquellen 40
4.2. Fehlerfortpflanzung 42

B. Teilbereichsfragen 45

1. Preisentwicklung 45
1.1. Preisindizes für die Lebenshaltung 46
1.2. Indizes der Erzeugerpreise industrieller Produkte 51

2. Nachfrageentwicklung 54
2.1. Umsatz 54
2.2. Indizes des Auftragseingangs 55
2.3. Indizes des Auftragsbestands 58

3. *Produktionsentwicklung* 60
3.1. Industrielle Produktion und Produktionswerte 60
3.2. Indizes der industriellen Nettoproduktion 62
3.3. Indizes der industriellen Bruttoproduktion 65

4. *Beschäftigten- und Arbeitslosenentwicklung* 68
4.1. Erwerbstätigkeit 68
4.2. Zahl der Beschäftigten in der Industrie 70
4.3. Zahl der Arbeitslosen und Zahl der offenen Stellen 71

5. *Einkommensentwicklung* 73
5.1. Indizes der Effektivverdienste und Bruttolohn- und -gehaltssumme 73
5.2. Indizes der Tarifverdienste 74

6. *Produktivitätsentwicklung* 77

7. *Außenhandelsentwicklung* 79
7.1. Abgrenzungen 79
7.2. Außenhandelswerte, Außenhandelsvolumen und Außenhandelsindizes 82

C. *Volkswirtschaftliche Gesamtrechnungen* 86

1. *Kreislaufdarstellungen* 86
1.1. Buchungssysteme 86
1.2. Darstellungsformen 88

2. *Sozialproduktberechnungen* 90

3. *Volkswirtschaftliche Gesamtrechnungen für die Bundesrepublik Deutschland* 93
3.1. Entstehungs-, Verwendungs- und Verteilungsrechnung 93
3.2. Abgrenzung der Sektoren 94
3.3. Kontengliederung 96
3.4. Volkswirtschaftliche Gesamtrechnung für die Bundesrepublik Deutschland 1972 98

4. *Input-Output-Tabellen* 114
4.1. Konstruktion von Input-Output-Tabellen 114
4.2. Deskriptive Auswertung von Input-Output-Tabellen 116

Anhang: Konjunkturschwankungen und Zyklendatierung 119

Literaturverzeichnis und Datenquellen 127

Register 128

Verzeichnis der Übersichten

1. Normalablauf einer Bundesstatistik 15
2. Abteilungen in der Systematik der Wirtschaftszweige 16
3. Warenproduzierendes Gewerbe und Industrie 16
4. Indexzahlen nach Laspeyres und Paasche 34
5. Aggregatformeln 36
6. Relative Fehler 42
7. Preisindizes für die Lebenshaltung 47
8. Gewichtung ausgewählter Preisindizes für die Lebenshaltung 48
9. Ausgewählte empirische Ergebnisse der Preisindizes für die Lebenshaltung 50
10. Index der Erzeugerpreise industrieller Produkte (ausgewählte empirische Ergebnisse) 53
11. Ausgewählte empirische Ergebnisse des Inlands- und Auslandsumsatzes 55
12. Ausgewählte empirische Ergebnisse der Auftragseingangs- und Auftragsbestandsstatistik 58
13. Ersatzreihen bei der Fortschreibung der Indizes der industriellen Nettoproduktion 64
14. Ausgewählte empirische Ergebnisse der Indizes der industriellen Nettoproduktion und der industriellen Bruttoproduktion 66
15. Erwerbs- und Unterhaltskonzept (empirische Ergebnisse) 69
16. Erwerbstätige nach Stellung im Beruf und durchschnittliche Wochenarbeitsstunden 70
17. Ausgewählte empirische Ergebnisse zur Arbeitslosigkeit und Beschäftigung 72
18. Ausgewählte empirische Ergebnisse der Effektiv- und Tarifverdienste 75
19. Abgrenzungen des Warenverkehrs in der Außenhandelsstatistik 81
20. Ausgewählte empirische Ergebnisse zur Außenhandelsentwicklung . . 83
21. Inlands- und Inländerprodukt 91
22. Sektorengliederung in den Volkswirtschaftlichen Gesamtrechnungen 94
23. Kontengruppen in den Volkswirtschaftlichen Gesamtrechnungen . . . 97
24. Konsolidierte Ergebnisse der Volkswirtschaftlichen Gesamtrechnung 1972 . . . . 107/108
25. Preisindexzahlen in der Volkswirtschaftlichen Gesamtrechnung 112
26. Grundaufbau einer Input-Output-Tabelle 115

Vorwort

Die hier vorgelegte „Wirtschaftsstatistik" richtet sich primär an die (Erstsemester-) Studenten der Wirtschaftswissenschaft. Da keine Vorkenntnisse vorausgesetzt werden, sind im Kapitel A u. a. grundlegende methodische Probleme wie die Berechnung von Indexzahlen oder von Veränderungsgrößen aus der Sicht des Benutzers (amtlicher) wirtschaftsstatistischer Daten dargestellt.

Im Kapitel B werden schwerpunktartig ausgewählte Teilbereiche wie die Preisentwicklung, die Nachfrageentwicklung oder die Außenhandelsentwicklung betrachtet, wobei ausschließlich auf die kurzfristigen (laufenden) amtlichen Statistiken abgestellt wird. Die damit angesprochenen Fragen finden in den letzten Jahren angesichts der ausgeprägten Konjunkturschwankungen eine stärkere Beachtung. Der Vergleich zwischen den wirtschaftstheoretischen Begriffen bzw. Fragestellungen und dem jeweiligen methodischen Vorgehen der Wirtschaftsstatistik macht deutlich, daß wirtschaftsstatistische Informationen in den seltensten Fällen als gebrauchsfertige Ergebnisse betrachtet werden dürfen. Angesichts der zunehmenden Bedeutung der empirischen Wirtschaftsforschung und angesichts der sich abzeichnenden Skepsis gegenüber einer breiteren Anwendung mathematisch-statistischer Verfahren und ökonometrischer Techniken in der Wirtschaftswissenschaft, die nicht zuletzt auf einen oftmals allzu sorglosen Umgang mit wirtschaftsstatistischen Daten zurückzuführen ist, scheint eine stärkere Beachtung der in der amtlichen statistischen Arbeit benutzten Verfahren und Abgrenzungen angebracht zu sein. In diesem Zusammenhang ist auch die Aufnahme des Abschnitts Fehler und Fehlerfortpflanzung in diesen Text zu sehen.

Das Kapitel C faßt die wichtigsten Grundlagen der Volkswirtschaftlichen Gesamtrechnungen zusammen.

Zur Veranschaulichung und als Ausgangspunkt für die Diskussion in wirtschaftsstatistischen Übungen oder Kolloquien sind jeweils ausgewählte empirische Ergebnisse der amtlichen Statistik angeführt, auf die in Beispielen zurückgegriffen wird. Eine weitergehende Auswertung (etwa durch die Berechnung von Kennziffern oder Quoten) bietet sich an, wobei auch auf den Versuch einer Datierung der Wachstumszyklen in der Bundesrepublik Deutschland (Anhang) hinzuweisen ist.

Für Anregungen und Ermunterungen danke ich insbesondere Herrn Prof. Dr. H. Reichardt und Herrn Prof. Dr. B. Schips.

Heiner Abels

A. Grundbegriffe

In diesem Kapitel werden (nach einem Überblick über das derzeitige Verhältnis zwischen der Statistik und der Wirtschaftswissenschaft) zunächst die den Benutzer wirtschaftsstatistischer Daten interessierenden Organisationsprinzipien und Systematiken der amtlichen Statistik vorgestellt. Nach einer kurzen Übersicht über die Erhebungstechniken, über ausgewählte Erhebungen und Datenquellen folgt eine Darstellung der wirtschaftsstatistisch relevanten methodischen Grundbegriffe, wobei auch hier anwendungsorientierte Gesichtspunkte die Themenauswahl bestimmen. Das Kapitel schließt mit einer Betrachtung des Problems der Genauigkeit wirtschaftsstatistischer Daten und der Fehlerfortpflanzung.

1. Wirtschaftsstatistik, Statistische Methodenlehre und Wirtschaftswissenschaft

Aufgabe der Wirtschaftsstatistik Adäquationsproblem

Die Hauptaufgabe der Statistik – als einer Teildisziplin der Wirtschaftswissenschaft – wird überwiegend in der zahlenmäßigen Erfassung, Darstellung und Analyse ökonomischer Massenerscheinungen gesehen. Dabei ist die Statistik in einen Komplex primär wahrscheinlichkeitstheoretisch fundierter Methoden der Datenanalyse *(Statistische Methodenlehre)* und in eine Lehre von der systematischen, zahlenmäßigen Erfassung und Beschreibung wirtschaftlicher Tatbestände *(Wirtschaftsstatistik)* einzuteilen.

Obgleich sich im Bereich der Datenerhebung und der Darstellung der Ergebnisse Überschneidungen zwischen der Statistischen Methodenlehre und der Wirtschaftsstatistik ergeben, so können doch die Verfahren der Wirtschaftsstatistik nur zum Teil aus der Statistischen Methodenlehre abgeleitet werden. Infolge der historischen Nichtwiederkehrbarkeit ökonomischer Massenerscheinungen und infolge der unterschiedlichen Zweckbestimmungen ist das wirtschaftsstatistische Instrumentarium weitgehend auf der Grundlage der Erfahrungen entwickelt worden, die bei konkreten Beschreibungen und Analysen ökonomischer Tatbestände gesammelt wurden. Die Aussagefähigkeit wirtschaftsstatistischer Informationen hängt somit unmittelbar von den (sich jeweils wandelnden) Erhebungs- und Berechnungsmethoden ab. Demnach sind die (systematische) Produktion wirtschaftsstatistischer Daten und ihre Interpretation in einem engen Zusammenhang zu sehen.

Die Zusammenarbeit zwischen der Wirtschaftstatistik und der *Wirtschaftspolitik* ist dadurch gekennzeichnet, daß die Vorbereitung wirtschaftspolitischer Entscheidungen und die Erfolgskontrolle der getroffenen Maßnahmen weitgehend von den relevanten Ergebnissen der Wirtschaftsstatistik abhängig sind. So ist etwa entsprechend den Anforderungen der Konjunkturpolitik in den letzten Jahren eine Ausweitung des Systems der vom Statistischen Bundesamt zur Verfügung gestellten kurzfristigen Indikatoren des Wirtschaftsablaufs zu verzeichnen.

Die Verbindung zwischen der Wirtschaftsstatistik und der *Wirtschaftstheorie* erweisen sich als weniger eng. Aus der Sicht der Wirtschaftstheoretiker sollen mit Hilfe wirtschaftsstatistischer Informationen entweder

- empirische Regelmäßigkeiten aufgefunden werden, die zur Formulierung ökonomischer Modelle herangezogen werden können, oder es sollen
- theoretisch entwickelte Modelle empirisch überprüft werden.

Vielfach aber scheitert dieses Vorhaben an der Lückenhaftigkeit des (oft für andere Verwendungszwecke erstellten) Datenmaterials. Zum anderen stellt sich das Problem der Vergleichbarkeit der wirtschaftstheoretischen Modellbegriffe und der wirtschaftsstatistischen Begriffe und Verfahren, die ökonomische Tatbestände konkretisieren sollen. Im Rahmen der Zusammenarbeit zwischen der Wirtschaftstheorie und der Wirtschaftsstatistik stellt die Lösung des damit angesprochenen *Adäquationsproblems* eine wesentliche Aufgabe dar.

Literaturhinweise

Blind, A.: Einführung in die Wirtschaftsstatistik, *in*: A. Blind (Hrsg.): Umrisse einer Wirtschaftsstatistik, Hamburg 1966, S. 1–24.

Esenwein-Rothe, I.: Allgemeine Wirtschaftsstatistik (Kategorienlehre), 2. neubearbeitete Auflage, Wiesbaden 1969.

Fürst, G.: Zum Begriff und zur systematischen Ordnung der Wirtschafts- und Gesellschaftsstatistik, *in*: Allgemeines Statistisches Archiv 1968, S. 153–185.

Raiser, L., H. Sauermann und *E. Schneider* (Hrsg.): Das Verhältnis der Wirtschaftswissenschaft zur Rechtswissenschaft, Soziologie und Statistik, Berlin 1964.

2. Amtliche Statistik in der Bundesrepublik Deutschland

Legalisierung Auskunfts- und Geheimhaltungspflicht Fachliche Zentralisierung Warenproduzierendes Gewerbe/Industrie Schwerpunktprinzip Unternehmen/Betriebe Sekundärstatistik/Primärstatistik Teilstatistiken Typische Auswahl Abschneideverfahren Mikrozensus Kostenstrukturstatistik Zensus im Warenproduzierenden Gewerbe Industrieberichterstattung Einkommens- und Verbrauchsstichprobe

2.1. Organisation

Die amtliche Statistik in der Bundesrepublik Deutschland hat die Aufgabe, Datenmaterial für fiskalische Zwecke, für Verwaltungsaufgaben, für die Wirtschaftspolitik und für die allgemeine Beobachtung der gesellschaftspolitischen und wirtschaftlichen Situation zur Verfügung zu stellen. Angesichts der Vielfalt wirtschaftlicher und ideologischer Interessengruppen ist es erforderlich, unabhängigen (amtlichen) Institutionen die Aufgabe zu übertragen, entsprechendes Zahlenmaterial zu sammeln und aufzubereiten. In der Bundesrepublik Deutschland umfaßt die *amtliche Statistik* die Arbeiten der (ausgelösten) Behörden, denen primär statistische Aufgaben übertragen sind, und die Arbeiten der (nichtausgelösten) Behördenteile.

Zu den (ausgelösten) *Behörden* zählen das Statistische Bundesamt, die Statistischen Landesämter und die Statistischen Ämter der Gemeinden, wobei das Statistische Bundesamt eine selbstständige Bundesoberbehörde im Geschäftsbereich des Bundesministeriums des Innern ist, deren Präsident(in) in methodischen und wissenschaftlichen Fragen nicht an fachliche Weisungen gebunden ist.

In der Gruppe der (nichtausgelösten) *Behördenteile* sind diejenigen Abteilungen der Behörden zusammengefaßt, die nicht primär statistische Aufgaben wahrnehmen, in deren Arbeitsbereich aber statistische Unterlagen anfallen, deren Bearbeitung sich kaum vom Geschäftsgang trennen läßt. Hier sind insbesondere zu nennen: die Deutsche Bundesbank (Geld- und Kreditstatistik), die Bundesanstalt für Arbeit (Arbeitsmarktstatistik), das Bundesaufsichtsamt für das Versicherungs- und Bausparwesen (Versicherungsstatistik) sowie das Bundesministerium für Verkehr bzw. das Kraftfahrt-Bundesamt (Teile der Verkehrsstatistik).

Die *nichtamtliche Statistik* in der Bundesrepublik Deutschland wird im wesentlichen von den Wirtschaftsverbänden und den Wirtschaftsforschungsinstituten bzw. den Wirtschaftswissenschaftlichen Instituten getragen. Dabei hat sich im Einzelfall oft eine Spezialisierung auf bestimmte (etwa von der amtlichen Statistik vernachlässigte) Fragenkomplexe ausgebildet.

Die Arbeit der amtlichen Statistik wird durch die folgenden *Organisationsprinzipien* bestimmt:

- Legalisierung,
- fachliche Zentralisierung und
- regionale Dezentralisierung.

Legalisierung bedeutet, daß das Arbeitsgebiet der Bundesstatistik durch den Gesetzgeber festgelegt wird. Das heißt insbesondere, daß Bundesstatistiken grundsätzlich durch Gesetz angeordnet werden müssen und daß das Statistische Bundesamt von sich aus nicht befugt ist, Erhebungen (auch Probeerhebungen) durchzuführen. Sind die Ergebnisse einer Erhebung für die Erfüllung bestimmter, im Zeitpunkt der Erhebung bereits festliegender Bundeszwecke erforderlich (und übersteigen die jährlichen Kosten nicht 500.000 DM), so ist die Bundesregierung ermächtigt, statistische Erhebungen durch das Statistische Bundesamt mit Hilfe von Rechtsverordnungen (mit einer Geltungsdauer bis zu drei Jahren) anzuordnen.

Im Zusammenhang mit dem Prinzip der Legalisierung sind die Auskunftspflicht und die Geheimhaltungspflicht zu sehen. Im Rahmen der *Auskunftspflicht* sind alle natürlichen und juristischen Personen zur wahrheitsgemäßen, vollständigen, fristgemäßen und in der Regel unentgeltlichen Beantwortung der ordnungsmäßig angeordneten Fragen (mündlich oder schriftlich) verpflichtet. Damit besteht in bezug auf die jeweilige Erhebung eine totale Auskunftspflicht. Verstöße werden als Ordnungswidrigkeiten mit einer Geldbuße bis zu 10.000 DM geahndet. Bei der praktischen Arbeit der amtlichen Statistik zeigt sich jedoch häufig, daß Rechtsgrundlagen nicht ausreichen, die Auskunftsbereitschaft der Befragten zu gewährleisten. Mangelnde Auskunftsbereitschaft (ungenaue, fehlende oder falsche Antworten) aber beeinträchtigen unmittelbar die Qualität des publizierten Datenmaterials.

Die Auskunftspflicht auf seiten der Befragten korrespondiert mit der *Geheimhaltungspflicht* auf seiten der mit der Durchführung der Befragung beauftragten amtlichen Stellen. Die Geheimhaltungspflicht bestimmt, daß die Einzelangaben eines Auskunftspflichtigen geheimzuhalten sind (diese „absolute" Geheimhaltungspflicht besteht u. a. auch bei Steuervergehen). (Vorsätzliche) Verstöße gegen das Prinzip der Geheimhaltungspflicht können mit einer Gefängnisstrafe (bis zu sechs Monaten) geahndet werden. Wie die Auskunftspflicht, so beeinflußt auch die Geheimhaltungspflicht die Qualität der amtlichen Daten. Mit wahrheitsgemäßen Angaben des Auskunftspflichtigen ist vielfach nur dann zu rechnen, wenn sichergestellt ist, daß die Angaben nur statistischen Zwecken dienen (falls die jeweilige Rechtsgrundlage keine weiteren Verwendungszwecke vorsieht) und Dritten Rückschlüsse auf Einzeltatbestände nicht möglich sind.

Die Organisationsprinzipien der fachlichen Zentralisierung und der regionalen Dezentralisierung regeln entsprechend dem förderalistischen Aufbau der Bundesrepublik Deutschland die Zusammenarbeit zwischen dem Statistischen Bundesamt und den Statistischen Landesämtern bzw. den Statistischen Ämtern der Gemeinden.

Die *fachliche Zentralisierung* legt fest, daß das Statistische Bundesamt im Rahmen seiner Koordinierungsaufgabe Bundesstatistiken methodisch und technisch vorzubereiten und die Bundesergebnisse zusammenzustellen hat. Die Erhebungs- und Aufbereitungsarbeit ist bei nicht zentral geführten Statistiken in der Regel den Statistischen Landesämtern bzw. den Statistischen Ämtern der Gemeinden übertragen *(regionale Dezentralisierung)*. Bei Landesstatistiken sind die Statistischen Landesämter die Träger der jeweiligen Erhebung.

Der normale Ablauf einer Bundesstatistik bei nicht zentral (durch das Statistische Bundesamt) geführten Statistiken ist (stark vereinfacht) in der Übersicht 1 dargestellt. Bei zentraler Durchführung von Bundesstatistiken wird auch die Erhebung und die Aufbereitung des Datenmaterials durch das Statistische Bundesamt vorgenommen.

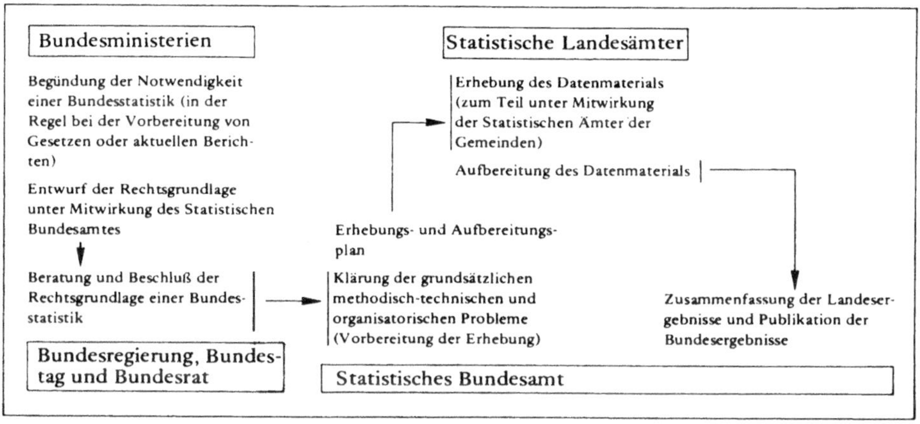

Übersicht 1: Normalablauf einer Bundesstatistik

Das Statistische Bundesamt wird bei der Koordinierung der Bundesstatistiken und bei der Aufgabenverteilung durch den Statistischen Beirat (in speziellen methodisch-technischen Fragen durch die vom Statistischen Beirat eingesetzten Fachausschüsse) beraten. Eine Überprüfung des laufenden Arbeitsprogramms sowie der Notwendigkeit und Dringlichkeit geplanter neuer Bundesstatistiken erfolgt im Interministeriellen Ausschuß für Koordinierung und Rationalisierung der Statistik.

2.2. *Systematiken*

Systematiken stellen Kataloge denkbarer wirtschaftlicher Tatbestände (wirtschaftlicher Tätigkeiten, Institutionen u. ä.) dar, die sicherstellen sollen, daß gleiche statistische Einheiten in verschiedenen Statistiken gleichen Positionen zugeordnet werden. In der amtlichen Statistik werden im wesentlichen die folgenden Systematiken benutzt:

A. *Unternehmens- und Betriebssystematiken*
(u. a. die Systematik der Wirtschaftszweige und das systematische Verzeichnis zum monatlichen Industriebericht),
B. *Systematiken der öffentlichen Finanzwirtschaft und der privaten Haushalte*
(u. a. die Systematik der Einnahmen und Ausgaben der privaten Haushalte),
C. *Gütersystematiken* für spezielle Zwecke
(u. a. das systematische Warenverzeichnis für die Industriestatistik, das systematische Warenverzeichnis für die Außenhandelsstatistik und das systematische Güterverzeichnis für den privaten Verbrauch),
D. *Personensystematiken* und
E. *Regionalsystematiken*.

In der folgenden Übersicht wird die Gliederung der Volkswirtschaft in Abteilungen (Einsteller) durch die Systematik der Wirtschaftszweige (Ausgabe 1961 mit Nachtrag 1971) wiedergegeben.

0	Land- und Forstwirtschaft
1	10 Energiewirtschaft und Wasserversorgung
	11 Bergbau
2	Verarbeitendes Gewerbe
3	Baugewerbe
4	Handel
5	Verkehr und Nachrichtenübermittlung
6	Kreditinstitute und Versicherungsunternehmen
7	Dienstleistungen (soweit von Unternehmen und freien Berufen erbracht)
8	Organisationen ohne Erwerbscharakter und private Haushalte
9	Gebietskörperschaften und Sozialversicherung

Übersicht 2: Abteilung in der Systematik der Wirtschaftszweige

Die Bereiche (Abteilungen) 1 bis 3 werden in der amtlichen Statistik zum *Warenproduzierenden Gewerbe* zusammengefaßt, das im internationalen Sprachgebrauch als ,industry' bezeichnet wird. Die Abgrenzung der *Industrie* in der amtlichen Statistik der Bundesrepublik Deutschland wird in der Übersicht 3 dargestellt.

	Energiewirtschaft und Wasserversorgung
+	Bergbau
+	Verarbeitendes Gewerbe
+	Baugewerbe
=	Warenproduzierendes Gewerbe (,industry')
./.	Warenproduzierendes Handwerk
=	Industrie

Übersicht 3: Warenproduzierendes Gewerbe und Industrie

Die statistische Definition des *Handwerks* erfolgt rechtsformal, d. h. ein Unternehmen wird dem Handwerk zugeordnet, wenn eine Eintragung des Inhabers in die Handwerksrolle vorliegt. Somit ist im Einzelfall keine Entscheidung darüber erforderlich, ob ein primär handwerklicher oder industrieller Fertigungsprozeß vorliegt oder ob ein Unternehmen ab einer bestimmten Beschäftigtenzahl der Industrie zugerechnet werden soll.

Unter dem Aspekt der Verwendung der Produkte wird die *Verarbeitende Industrie* eingeteilt in

- Grundstoff- und Produktionsgüterindustrien,
- Investitionsgüterindustrien,
- Verbrauchsgüterindustrien und
- Nahrungs- und Genußmittelindustrien.

Der detaillierte Aufbau einer Systematik in der Wirtschaftsstatistik kann etwa anhand des *systematischen Warenverzeichnisses für die Industriestatistik* (Fassung 1975) verdeutlicht werden. Diese Systematik umfaßt

36 *Warengruppen* (Zweisteller), die im wesentlichen unter produktionswirtschaftlichen Gesichtspunkten in Anlehnung an die Verbandsorganisation der deutschen Industrie gegliedert sind,
245 *Warenzweige* (Dreisteller),
1153 *Warenklassen* (Viersteller), die eine für viele Zwecke ausreichende (homogene) Zusammenfassung der Waren sicherstellen sollen und
5901 *Warenarten* (Sechssteller), die die eigentlichen Meldepositionen darstellen.

Beispiel

Die Warenart	501395	(Elektronische Tisch- und Taschenrechner – nicht druckend –) gehört zur
Warenklasse	5013	(Rechenmaschinen), zum
Warenzweig	501	(Büromaschinen) und zur
Warengruppe	50	(Büromaschinen, Datenverarbeitungsgeräte und –einrichtungen).

Schwierigkeiten bei der Zuordnung zu einer systematischen Position treten immer dann auf, wenn Kombinationen von Merkmalen vorliegen (Mehrproduktunternehmen, Waren mit unterschiedlichem Verwendungszweck u. ä.). In diesen Fällen soll eine Zuordnung nach dem *Schwerpunktprinzip* erfolgen. So wird etwa in der Industriestatistik die Produktion eines Mehrproduktunternehmens insgesamt dem Wirtschaftszweig zugeordnet, in dem der Schwerpunkt seiner wirtschaftlichenTätigkeit liegt *(Hauptbeteiligtenkonzept)*. Dabei wird der Schwerpunkt der wirtschaftlichen Tätigkeit in der Regel über die jeweilige Zahl der Beschäftigten bestimmt.

In Einzelfällen erfolgt ausschließlich (wie bei den Erzeugerpreisen industrieller Produkte) eine Darstellung oder zusätzlich (wie beim Nachweis des industriellen Umsatzes) eine Aufbereitung nach dem *Beteiligtenkonzept*. So wird etwa der Gesamtumsatz eines Mehrproduktunternehmens in die verschiedenen Erzeugnisgruppen aufgeteilt und den jeweiligen Wirtschaftszweigen zugerechnet.

Im Zusammenhang mit der institutionellen Abgrenzug der Wirtschaftszweige ist das Problem der Auswahl der Erhebungs- oder Darstellungseinheit zu sehen. So werden etwa in der Industriestatistik Betriebe und Unternehmen befragt.

Unternehmen sind die kleinsten selbstbilanzierenden, juristisch selbständigen Einheiten. Gegen die Wahl des Unternehmens als Erhebungseinheit spricht die häufig hier anzutreffende Heterogenität in bezug auf das Produktionsprogramm und in bezug auf die Produktionsorte. Zudem werden wirtschaftliche Entscheidungen teilweise in übergeordneten Einheiten (Konzern, Holding u. ä.) getroffen. In jedem Fall muß eine Zuordnung nach dem Schwerpunktprinzip erfolgen, die zu einer Verzerrung der branchenmäßigen und regionalen Ergebnisse führen kann. Der Vorteil dieser Darstellungseinheit besteht darin, daß die erfragten Daten in der Regel über das Rechnungswesen, die Bilanz oder die Gewinn- und Verlustrechnung schnell verfügbar sind.

Der *Betrieb* -die wichtigste Erhebungseinheit in der Industriestatistik- ist als örtliche Einheit definiert. Besitzt ein Unternehmen nur eine Niederlassung, so sind Betrieb und Unternehmen identisch (von den in der Industrieberichterstattung 1967 erfaßten Unternehmen stellten etwa 85% örtliche Einheiten dar, die etwa 45% der Beschäftigten auf sich vereinten). Die Erhebungseinheit Betrieb gestattet eine tiefe regionale Gliederung der Ergebnisse.

Neben dem Unternehmen (primär in der längerfristigen Berichterstattung) und dem Betrieb (primär in der kurzfristigen Berichterstattung) wird in der amtlichen Statistik vereinzelt der *fachliche Betriebsteil* (u. a. in der kurzfristigen Berichterstattung) als Erhebungseinheit herangezogen. Fachliche Betriebsteile sind in örtlicher und produktionsmäßiger Hinsicht homogene Einheiten.

2.3 Erhebungsformen

Vor der praktischen Durchführung einer Erhebung sind (im Rahmen der amtlichen Statistik) zwei Vorentscheidungen zu treffen:

- Primär- oder Sekundärstatistik und
- Total- oder Teilstatistik.

Bei einer *Sekundärstatistik* wird auf eine Erhebung des Datenmaterials verzichtet und auf bereits vorliegende Angaben zurückgegriffen, die lediglich aufbereitet werden (wie bei der Erstellung der Volkswirtschaftlichen Gesamtrechnungen). Im Rahmen einer *Primärstatistik* erfolgt eine eigene Erhebung und Aufbereitung des Zahlenmaterials.

Eine *Totalstatistik* kann in zwei Formen durchgeführt werden: es werden entweder alle im Rahmen der vorliegenden Fragestellung interessierenden Größen erfaßt (Vollerhebung) und aufbereitet (wie bei den Volkszählungen) oder sekundärstatistisches Datenmaterial wird vollständig aufbereitet (wie bei den jährlichen Umsatzsteuerstatistiken, bei denen ausgehend von einer Freigrenze alle von den Finanzämtern für diesen Bereich erstellten Unterlagen aufbereitet werden).

Aus Gründen der Kosten- und Zeitersparnis werden in der amtlichen Statistik überwiegend *Teilerhebungen* durchgeführt, bei denen entweder in der Form einer Teilerhebung lediglich ein Teil des zu untersuchenden Tatbestandes erfaßt und aufbereitet wird oder bei umfangreichem Datenmaterial aus Primär- oder Sekundärstatistiken lediglich eine Teilaufbereitung erfolgt.

Um auf der Basis von Teilstatistiken Aussagen über den gesamten interessierenden Tatbestand zu ermöglichen, wird versucht *,repräsentative'* Teilstatistiken durchzuführen, die die Gesamtheit wirklichkeitsgetreu erfassen sollen. Hier bieten sich in der amtlichen Statistik grundsätzlich zwei Verfahren an:

- auf dem Zufallsprinzip beruhende Auswahlverfahren oder geeignete Ersatzverfahren für die Zufallsauswahl sowie
- nicht auf dem Zufallsprinzip beruhende (bewußte) Auswahlverfahren.

Die auf dem *Zufallsprinzip* beruhenden Auswahlverfahren (Stichproben) spielen in der amtlichen Statistik eine noch untergeordnete Rolle. Beispiele für ihren Einsatz sind etwa der Mikrozensus und die Einkommens- und Verbrauchsstichprobe. Demgegenüber finden die nicht auf dem Zufallsprinzip beruhenden (bewußten) Auswahlverfahren eine breite Anwendung. Die praktisch benutzten Verfahren lassen sich einteilen in die typische Auswahl und in das Abschneideverfahren.

Bei der *typischen Auswahl* werden lediglich die Teile der Gesamtheit betrachtet, die annähernd dem Durchschnitt entsprechen. Die Auswahl dieser ,typischen' Fälle erfolgt mehr oder weniger subjektiv oder nach den vorliegenden Erfahrungen. Dabei ist zu beachten, daß ,typische' Einheiten im Zeitablauf wechseln können. Die typische Auswahl wird u. a. in der Preisstatistik benutzt, wo ,typische' Haushalte und die Preisnotierungen für ,typische' Waren betrachtet werden.

Nach dem in der amtlichen Statistik häufig benutzten *Abschneideverfahren* (cut-off-Verfahren) werden die zu betrachtenden Institutionen oder Funktionen nach dem Konzentrationsprinzip ausgewählt, d. h. die Erhebung beschränkt sich auf die ,großen' Einheiten. So werden etwa in der monatlichen Industrieberichterstattung nur Betriebe mit einer bestimmten Zahl von Beschäftigten befragt und in der Außenhandelsstatistik alle Fälle unterhalb einer Befreiungsgrenze nicht erfaßt.

Unter dem Aspekt der Erhebungsfrequenz kann zwischen Strukturerhebungen und laufenden, kurzfristigen Erhebungen unterschieden werden.

Die *Strukturerhebungen* erfolgen meist in mehrjährigen Abständen und stellen in der Regel umfassende Beschreibungen wirtschaftlicher Tatbestände dar.

Die *laufenden,* kurzfristigen *Erhebungen* liefern die für die konjunkturpolitische Diskussion wichtigen kurzfristigen Indikatoren wirtschaftlicher Vorgänge (Produktion, Auftragseingang u. ä.). Zu den kurzfristigen Erhebungen zählen insbesondere die in monatlichen oder vierteljährlichen Abständen durchgeführten Zählungen.

2.4 Ausgewählte Erhebungen

In diesem Abschnitt wird ein Überblick über die wichtigsten Erhebungen wirtschaftlicher Tatbestände in der amtlichen Statistik gegeben, wobei die Gliederung des Statistischen Bundesamtes zugrunde gelegt wird.

A. Erwerbstätigkeit

– *Volkszählung*
Volkszählungen werden in etwa zehnjährigen Abständen wiederholt (1950, 1961, 1970). Die Befragung richtet sich an die Gesamtbevölkerung (1970 wurde ein Teil der Fragen an einen repräsentativen Querschnitt von 10% der Bevölkerung gestellt). Wichtige erfaßte Tatbestände: Beteiligung am Erwerbsleben, überwiegender Lebensunterhalt, Stellung im Beruf, Nettoerwerbseinkommen, Wochenarbeitszeit. Berichtsweg: Befragte – Gemeinden (ehrenamtliche Zähler) – Kreise – Statistische Landesämter – Statistisches Bundesamt.
– *Mikrozensus*
Der Mikrozensus wird seit Oktober 1957 als laufende Repräsentativerhebung zur Überbrückung der zwischen den Volkszählungen liegenden Zeiträume durchgeführt. Befragt werden (durch Interviewer) die privaten Haushalte, wobei einmal jährlich 1% und dreimal jährlich 0,1% der Bevölkerung erfaßt werden. Wichtige erfaßte Tatbestände: (abhängig) Erwerbstätige nach Stellung im Beruf und Geschlecht, Arbeitszeit.
– *Statistik der Arbeitsvermittlung*
Träger der Statistik der Arbeitsvermittlung (als Teil der Arbeitsmarktstatistiken) ist die Bundesanstalt für Arbeit. Monatlich (vierteljährlich und jährlich) liefern die Arbeitsämter Angaben u. a. über die Zahl der Arbeitslosen, die Zahl der offenen Stellen und die Zahl der Arbeitsvermittlungen.

B. Unternehmen und Arbeitstätten

Neben der Arbeitsstättenzählung im Rahmen der Volkszählung, der (jährlich aufbereiteten) Statistik der Kapitalgesellschaften, der (jährlichen) Bilanzstatistik und der (jährlichen) Statistik der Finanzen der öffentlichen Wirtschaftsunternehmen ist hier insbesondere hinzuweisen auf die
– *Kostenstrukturstatistik*
Die Kostenstrukturstatistik erfaßt bei den Unternehmen der gewerblichen Wirtschaft den Produktionsaufwand und seine Zusammensetzung. Sie wird auf repräsentativer (vorgeschriebener Repräsentationsgrad: 5% aller Unternehmen) und freiwilliger Grundlage über Fragebogen durchgeführt. Die Erhebung erfolgt in einem vierjährigen Turnus in den folgenden Bereichen der gewerblichen Wirtschaft:

Bereiche	Berichtsjahre			
1. Industrie (einschl. Energiewirtschaft und Wasserversorgung) u. Handwerk	1958	1962	1966	1970
2. Verkehrsgewerbe, freie Berufe	1959	1963	1967	1971
3. Großhandel, Handelsvertreter und -makler, Verlagswesen	1960	1964	1968	1972
4. Einzelhandel, Gaststätten- und Beherbergungsgewerbe	1961	1965	1969	1973

Wichtige erfaßte Tatbestände: Verbrauch von fremdbezogenen Stoffen, Personalkosten, Fremdleistungen für Instandhaltungsarbeiten, Umsatz, Sachanlagen, Bestandsveränderungen an unfertigen und fertigen eigenen Erzeugnissen, Wert der aktivierten selbsterstellten Anlagen, Zahl der tätigen Personen nach der Stellung im Unternehmen. Die fachliche Gliederung erfolgt nach der Systematik der Wirtschaftszweige.

C. Warenproduzierendes Gewerbe

- *Zensus*
  Der Zensus wird in etwa drei- bis fünfjährigen Abständen wiederholt (1963 für 1962, 1967) und soll die Struktur und die Leistung des warenproduzierenden Gewerbes darstellen (Hauptaufgabe: Ermittlung der Nettoleistung). Der Zensus im Warenproduzierenden Gewerbe 1967 (einschließlich der Handwerkszählung 1968) wurde zum 30. 9. 1967 durchgeführt (eine getrennte Erfassung des Bauhauptgewerbes war vorgesehen, wegen fehlender Rechtsgrundlagen wurde das industrielle Ausbaugewerbe nicht erfaßt). Auskunftspflichtig waren Unternehmen der Industrie und Industriebetriebe von nichtindustriellen Unternehmen mit jeweils 10 und mehr Beschäftigten. Wichtige erfaßte Tatbestände:
  Zahl der Unternehmen, tätige Personen, Bruttolöhne und -gehälter, Bruttoanlageinvestitionen, Materialeingang und Wareneingang, Wert der Material- und Warenbestände am Anfang und Ende des Berichtsjahres, Bestand an Roh-, Hilfs- und Betriebsstoffen, Handelswaren und Halb- und Fertigerzeugnissen, Umsatz, Produktion und firmeninterne Lieferungen und Leistungen.
- *jährliche Investitionserhebung*
  Die jährlichen Investitionserhebungen erfolgen ab 1964 bei etwa 22.000 Unternehmen der Verarbeitenden Industrie (einschließlich Bergbau) und Industriebetrieben von nichtindustriellen Unternehmen mit jeweils 50 und mehr Beschäftigten, bei etwa 8.000 in die Handwerksrolle eingetragenen Unternehmen selbständiger Handwerker mit 20 und mehr Beschäftigten, bei etwa 17.000 industriellen und handwerklichen Unternehmen und Arbeitsgemeinschaften des Baugewerbes mit 20 und mehr Beschäftigten und bei etwa 2.000 Unternehmen der öffentlichen Elektrizitäts- und Gasversorgung. Wichtige (für die Verarbeitende Industrie) erfaßte Tatbestände: Zahl der Unternehmen und Betriebe, Wert der Bruttozugänge an Sachanlagen, Verkaufserlöse des Abgangs von Sachanlagen, Wert der Bruttozugänge an Sachanlagen nach Arten.

D. Verarbeitende Industrie

Für die Verarbeitende Industrie werden neben der (jährlichen) Unternehmenserhebung und neben (überwiegend monatlichen) Sonderstatistiken für einzelne Industriezweige Erhebungen insbesondere im Bereich der Industrieberichterstattung und der Produktionsstatistik durchgeführt.

– *Industrieberichterstattung*
Monatlicher Industriebericht: befragt werden monatlich etwa 56.000 Industriebetriebe mit 10 und mehr Beschäftigten (damit werden etwa 56% aller Industriebetriebe mit einem Anteil von etwa 98% der Beschäftigten der gesamten Industrie erfaßt). Wichtige erfaßte Tatbestände: Betriebe, Beschäftigte, geleistete Arbeiterstunden, Bruttosumme der Löhne und Gehälter, Inlands- und Auslandsumsatz.
Industriebericht für Kleinbetriebe: befragt werden jährlich (im September) etwa 43.000 der im monatlichen Industriebericht nicht erfaßten Industriebetriebe mit weniger als 10 Beschäftigten. Wichtige erfaßte Tatbestände: Betriebe, Beschäftigte, Umsatz. Einmal jährlich erfolgt eine Aufbereitung der Ergebnisse des monatlichen Industrieberichts und des Industrieberichts für Kleinbetriebe.
Statistik über den *Auftragseingang:* befragt werden monatlich etwa 18.000 Industriebetriebe in ausgewählten Industriezweigen mit (überwiegend) 25 und mehr Beschäftigten. Die Auftragseingänge sind (wie auch der Umsatz) nach Industriezweigen aufzugliedern (Beteiligtenkonzept) auf der Grundlage des systematischen Verzeichnisses zum monatlichen Industriebericht. Für einzelne Industriezweige werden die Auftragseingangsmeldungen von den jeweiligen Verbänden eingeholt.
Statistik über den *Auftragsbestand:* befragt werden monatlich (seit Januar 1970) etwa 2.000 ausgewählte Industrieunternehmen in jeweils ausgewählten Industriezweigen über den Wert der Auftragsbestände. Es werden insbesondere die Industriezweige ausgewählt, die auf Grund der Natur ihrer Produkte überwiegend auf Bestellung produzieren (so fehlen etwa die Industriezweige, die kurzlebige Konsumgüter herstellen und die überwiegend auf Lager produzieren). Innerhalb der Industriezweige werden Erzeugnisgruppen gebildet, für die die monatlichen Auftragsbestände erhoben werden können (Beteiligtenkonzept). In ausgewählten Industriezweigen wird der Auftragsbestand durch Verbände oder im Rahmen von amtlichen Sonderstatistiken ermittelt.

– *Produktionsstatistik*
Vierteljährliche Produktionserhebung: befragt werden (im wesentlichen wie im monatlichen Industriebericht) Industriebetriebe mit jeweils 10 und mehr Beschäftigten. Wichtige erfaßte Tatbestände: zum Absatz bestimmte Produktion (mengen- und wertmäßig); erfolgt eine Weiterverarbeitung im gleichen Unternehmen, so wird zusätzlich die Gesamtproduktion (mengenmäßig) erfaßt. Die Gliederung erfolgt nach dem systematischen Warenverzeichnis für die Industriestatistik.
Produktions-Eilbericht: der Produktions-Eilbericht soll eine kurzfristige Unterrichtung über die Höhe und Entwicklung der industriellen Produktion ermöglichen. Auf den jeweiligen Ergebnissen beruht die Berechnung der „Produktionsindexzahlen" (Index der industriellen Nettoproduktion, Index der industriellen Bruttoproduktion für Investitionsgüter und für Verbrauchsgüter,

Indexzahlen der Arbeitsproduktivität). Befragt werden wie in der vierteljährlichen Produktionserhebung Industriebetriebe mit 10 und mehr Beschäftigten nach der (mengenmäßigen) Produktion für etwa 600 ausgewählte Erzeugnisse und Erzeugnisgruppen. Die Ergebnisse des (monatlichen) Produktionseilberichts lassen sich nicht mit den Ergebnissen der vierteljährlichen Produktionserhebung vergleichen, da den Monatsangaben in vielen Fällen Schätzungen zugrunde liegen, die oft nicht korrigiert werden können. Für genaue Marktanalysen ist deshalb von den Angaben der vierteljährlichen Produktionserhebung auszugehen. Bei Enderzeugnissen wird überwiegend die zum Absatz bestimmte Produktion erfaßt, bei Erzeugnissen, die zum Absatz oder zur Weiterverarbeitung bestimmt sind, die Gesamtproduktion.

E. Außenhandel

Die Außenhandelsstatistik (als Statistik des grenzüberschreitenden Warenverkehrs) wird wie die Auftragsbestandsstatistik zentral durch das Statistische Bundesamt durchgeführt. Auskunftspflichtig (über die Zollanmeldestellen) sind in der Regel die Importeure und Exporteure (bei der Durchfuhr die Besitzer) der Waren. Im Zeitpunkt des Grenzübergangs der Exporte und der Importe erfolgt eine Erfassung der jeweiligen Mengen und Werte (bei der Durchfuhr nur der Mengen nach dem Bruttogewicht) mit monatlicher und jährlicher Aufbereitung.

F. Geld und Kredit

Die „monetäre" Statistik wird in der Bundesrepublik Deutschland durch die Deutsche Bundesbank erstellt. Hier werden nur die wichtigsten monatlichen Zusammenstellungen angeführt.

- *Geldvolumen*statistik (Entwicklung der inländischen Geldversorgung),
- statistische Daten zur *Bankenliquidität* (Entwicklung und Bestimmungsfaktoren der Bankenliquidität, Stand der freien Liquiditätsreserven),
- *Mindestreserven*statistik,
- Angaben über den *Goldbestand* und den Stand der Auslandsforderungen und -verbindlichkeiten der Deutschen Bundesbank,
- *Kredit*statistik (es werden nur Kreditinstitute befragt, deren Bilanzsumme am 31. 12. 1967 weniger als 5 Mill. DM betrug, ohne Kreditgenossenschaften),
- Statistik der *Wertpapier*bestände (Erhebungseinheiten wie in der Kreditstatistik),
- *Emmissions*statistik, u. a. Angaben über den Absatz und den Umlauf festverzinslicher Wertpapiere inländischer Emmittenten,
- Statistik der *Effektenkurse*, erfaßte Tatbestände: Durchschnittswerte der Kurse, Dividenden und Renditen der börsennotierten Aktien von Gesellschaften mit

Sitz in der Bundesrepublik Deutschland (die Zusammenstellung wird durch das Statistische Bundesamt vorgenommen auf der Grundlage der Kursnotierungen der bundesdeutschen Börsen),

- *Renditen*statistik festverzinslicher Wertpapiere (Durchschnittsrenditen der festverzinslichen Wertpapiere inländischer Emmittenten mit einer vereinbarten Laufzeit von über 4 Jahren),
- Statistik der *Devisenkurse*, es erfolgt eine (teilweise) tägliche und wöchentliche Zusammenstellung der an der Frankfurter Börse festgestellten Kursdurchschnitte amtlicher Devisenkurse,
- Statistik der *Geldsätze* (Diskont- und Lombardsatz, Geldumsätze in Frankfurt a. M., Abgabesätze der Deutschen Bundesbank für den Verkauf von Geldmarktpapieren am offenen Markt). Die Soll- und Habenzinsen werden bei etwa 500 Kreditinstituten (bzw. Filialen von Kreditinstituten) vierteljährlich erhoben und zusammengestellt in Form der prozentualen Verteilung der (für ausgewählte Kredit- bzw. Einlagearten) gemeldeten Häufigkeit der Zinssätze.

G. Löhne und Gehälter

Neben der Statistik der Vermögensbildung der Arbeitnehmer und den unregelmäßig aufgrund von Rechtsgrundlagen der Europäischen Gemeinschaft durchgeführten Erhebungen über die Aufwendungen der Arbeitgeber für Personalkosten sind hier insbesondere die folgenden Erhebungen zu nennen:

- *Lohn- und Gehaltsstrukturerhebungen*

  Lohn- und Gehaltsstrukturerhebungen werden auf repräsentativer Grundlage in unregelmäßigen Abständen in den folgenden Bereichen der Volkswirtschaft durchgeführt:

  1. in der gewerblichen Wirtschaft und im Dienstleistungsbereich in etwa drei- bis fünfjährigen Abständen. Der durchschnittliche Auswahlsatz beträgt insgesamt maximal 15% der befragten Betriebe. Wichtige erfragte Tatbestände: durchschnittliche Bruttomonatsverdienste für Angestellte und Arbeiter, durchschnittliche Bruttowochen- und -stundenverdienste bei Arbeitern, Lohnformen und Wochenarbeitszeiten bei Arbeitern, gesetzliche Abzüge vom Bruttoverdienst,
  2. in der Land- und Forstwirtschaft sowie im Erwerbsgartenbau für etwa 25.000 Betriebe mit zusammen rund 49.000 Arbeitnehmern und
  3. im öffentlichen Dienst (erstmalig im September 1968) für etwa 525.000 Bedienstete (Auswahlsatz: 50% der Dienst- oder Berichtsstellen).

  In den Lohn- und Gehaltsstrukturerhebungen werden individuelle Angaben für die beschäftigten Arbeitnehmer verlangt.

- *Laufende Verdienststatistiken*

  Die laufenden Verdienststatistiken werden wie die Lohn- und Gehaltsstrukturerhebungen auf repräsentativer Basis durchgeführt, wobei allerdings keine Einzelangaben, sondern Durchschnittsangaben für Arbeitnehmergruppen erfolgen. Die (jährlichen) Verdienststatistiken in der Landwirtschaft erfassen etwa 6% der landwirtschaftlichen Betriebe mit rund 10% aller landwirtschaftlichen Arbeitnehmer, die (halbjährlichen) Verdienststatistiken im Handwerk etwa 24.000 Handwerksbetriebe mit 3 und mehr Beschäftigten in ausgewählten Handwerkszweigen (Auswahlsatz: 13,5%). In Industrie und Handel werden vierteljährlich etwa 11% der Betriebe befragt (etwa 28.000 Betriebe mit in der Regel 10 und mehr Beschäftigten), im Bergbau alle Betriebe, im Baugewerbe, Handel, Geld- und Versicherungswesen Betriebe mit 5 und mehr Beschäftigten. In Industrie und Handel werden folgende wichtige Tatbestände erfaßt: durchschnittliche Bruttowochen- und Bruttostundenverdienste der Arbeiter und Angestellten, durchschnittlich bezahlte Wochenstunden und durchschnittlich geleistete Wochenarbeitszeit der Arbeiter nach Wirtschaftszweigen, Leistungsgruppen und Geschlecht. Auf dieser Grundlage werden u. a. Indexzahlen der durchschnittlichen Bruttomonatsverdienste der Angestellten in Industrie und Handel und Indexzahlen der durchschnittlich bezahlten Wochenstunden und der durchschnittlichen Bruttostunden- und -wochenverdienste der Arbeiter in der Industrie berechnet.

– *Statistik der Tariflöhne und -gehälter*
In der Statistik der Tariflöhne und -gehälter werden laufend die tariflichen Lohn- und Gehaltssätze für verschiedene Arbeitnehmer- und Wirtschaftsgruppen erfaßt und halbjährlich aufbereitet. Grundlage der Erhebung sind die Angaben der Tarifverträge, die 75% der Beschäftigten umfassen sollen. Es werden für die Arbeiter Indexzahlen der tariflichen Stundenlöhne, Wochenlöhne und Wochenarbeitszeiten und für die Angestellten Indexzahlen der tariflichen Monatsgehälter und Wochenarbeitszeiten berechnet.

H. Wirtschaftsrechnungen

– *Einkommens- und Verbrauchsstichproben*
Einkommens- und Verbrauchsstichproben werden in drei- bis fünfjährigen Abständen wiederholt (1962/63, 1969, 1973). In die repräsentative Erhebung werden maximal 0,3% der inländischen privaten Haushalte einbezogen (1969 etwa 50.000 private Haushalte aller Größen und sozialen Schichten ohne Anstaltshaushalte). Einkommens- und Verbrauchsstichproben sollen Aufschlüsse über die bestimmenden Faktoren des privaten Verbrauchs ermöglichen, wobei die Abhängigkeit des privaten Verbrauchs von Einkommen, sozialer Schicht und Größe des Haushalts im Mittelpunkt des Interesses steht. In den einzelnen Einkommens- und Verbrauchsstichproben, die auf freiwilliger Grundlage erfolgen, werden jeweils Schwerpunkte gebildet. So wurden 1962/63 und 1973 insbesondere die Aufwendungen für den privaten Verbrauch (Verzehrgewohnheiten) betrachtet, 1969 die Zusammensetzung der Einkommen, die Vermö-

gensbildung und die Vermögensbestände. Einkommens- und Verbrauchsstichproben stellen eine Kombination von (Anfangs- und End-) Interview und laufenden (monatlichen) Anschreibungen der ausgewählten privaten Haushalte in Haushaltsbüchern (in der Form von Einnahme- und Ausgaberechnungen) dar. Wichtige erfaßte Tatbestände: Einkommen der privaten Haushalte nach Einkommensquellen, Ersparnisbildung nach Sparformen, Ausgaben der privaten Haushalte.

– *Wirtschaftsrechnungen ausgewählter privater Haushalte*
  Bei den (laufenden) Wirtschaftsrechnungen ausgewählter privater Haushalte erfolgt eine monatliche Erhebung auf der Grundlage laufender Anschreibung ausgewählter privater Haushalte in Haushaltungsbüchern und eine monatliche Aufbereitung (seit 1949). Es werden die folgenden – im Mittelpunkt sozialpolitischer Entscheidungen stehenden – Haushalts„typen“ befragt:

  Haushaltstyp 1: etwa 150 inländische Zwei-Personenhaushalte von Renten- und Sozialhilfeempfängern mit niedrigem Einkommen (1970 unter 600 DM pro Monat),
  Haushaltstyp 2: etwa 400 städtische Vier-Personen-Arbeitnehmerhaushalte mit mittlerem Einkommen des alleinverdienenden Haushaltsvorstands (1970 zwischen 950 und 1.450 DM pro Monat) und
  Haushaltstyp 3: etwa 450 städtische Vier-Personenhaushalte von Beamten und Angestellten mit höherem Einkommen (1970 zwischen 1.950 und 2.600 DM pro Monat).

  Wichtige erfaßte Tatbestände: Einkommen bzw. Einnahmen nach Quellen, Ausgaben nach dem Verwendungszweck.

I. Preise

Die wichtigsten amtlichen Preisstatistiken lassen sich wie folgt gliedern:

– *Statistik der Erzeuger- und Großhandelsverkaufspreise*
  Die Preiserhebungen im Rahmen der Statistik der Erzeuger- und Großhandelsverkaufspreise und die Aufbereitung der Ergebnisse erfolgen grundsätzlich monatlich. Bei den Erzeugerpreisen werden etwa 5.750 (ausgewählte) Auskunftspflichtige, bei den Großhandelsverkaufspreisen etwa 650 (ausgewählte) Auskunftspflichtige befragt nach
  1. den Erzeugerabsatz- bzw. Großhandelseinkaufspreisen für etwa 2.000 industrielle Rohstoffe, Halb- und Fertigerzeugnisse und etwa 107 land- und forstwirtschaftliche Erzeugnisse (für industrielle Produkte gegliedert nach dem systematischen Warenverzeichnis für die Industriestatistik) und
  2. den Verkaufspreisen des Großhandels für etwa 1.000 Waren (gegliedert nach der Systematik der Wirtschaftszweige).

Auf der Grundlage des erhobenen (typischen) Preismaterials werden u. a. die folgenden Preisindexzahlen berechnet:
- Index der Erzeugerpreise industrieller Produkte,
- Index der Erzeugerpreise landwirtschaftlicher Produkte,
- Index der Grundstoffpreise und
- Index der Großhandelsverkaufspreise.

- *Statistik der Ein- und Ausfuhrpreise*
  Ein- und Ausfuhrpreise werden monatlich erhoben (und aufbereitet) durch Befragung von etwa 1.800 exportierenden und importierenden Firmen nach den Preisen für etwa 1.400 Einfuhrgüter und etwa 1.500 Ausfuhrgüter. Die Preise stellen Durchschnittspreise (aufgrund aller Vertragsabschlüsse im Berichtsmonat) dar und beziehen sich räumlich auf den Preisstand beim Grenzübergang der Ware und zeitlich auf den Preisstand im Zeitpunkt des Vertragsabschlusses.
- *Statistik der Verbraucherpreise*
  Im Rahmen der Statistik der Verbraucherpreise erfolgt eine monatliche Erhebung (und Aufbereitung) von typischen Verbraucherpreisen für etwa 900 Waren und Dienstleistungen. Befragt werden in 119 Gemeinden etwa 25.000 ausgewählte Betriebe des Einzelhandels, des Handwerks, des Beherbergungs- und Gaststättengewerbes, der öffentlichen Versorgung und Inhaber von Mietwohnungen (überwiegend durch Preisermittler der Statistischen Ämter der Gemeinden). Bei bundeseinheitlichen Preisen erfolgt eine direkte Ermittlung durch das Statistische Bundesamt. Die folgenden Verbraucherpreisindexzahlen werden veröffentlicht:
  - Index der Einzelhandelspreise (Verkaufspreise), gegliedert nach der Systematik der Wirtschaftszweige und
  - Preisindizes für die Lebenshaltung für 3 Haushaltstypen, für alle privaten Haushalte und für die einfache Lebenshaltung eines Kindes, gegliedert nach dem Güterverzeichnis für den privaten Verbrauch.

2.5. Quellen

Das Statistische Bundesamt hat die Aufgabe, die Zahlenergebnisse der Bundesstatistik in allgemeiner Form, d. h. für einen möglichst großen Kreis von Benutzern zu publizieren. Im Interesse der schnellen Verfügbarkeit der Daten werden diese überwiegend in Tabellenform mit lediglich kurzen methodischen Hinweisen veröffentlicht.

Neben dem *Statistischen Jahrbuch* und der Monatszeitschrift *Wirtschaft und Statistik*, in der auch methodisch-technische Fragen allgemeiner Art behandelt werden, stellen die *Fachserien* (Fachveröffentlichungen) des Statistischen Bundesamtes eine Hauptquelle amtlicher Daten dar. Die Fachserien sind wie folgt gegliedert:

A Bevölkerung und Kultur
B Land- und Forstwirtschaft, Fischerei
C Unternehmen und Arbeitsstätten
D Industrie und Handwerk
E Bauwirtschaft, Bautätigkeit, Wohnungen
F Groß- und Einzelhandel, Gastgewerbe, Fremdenverkehr
G Außenhandel
H Verkehr
I Geld und Kredit
K Öffentliche Sozialleistungen
L Finanzen und Steuern
M Preise, Löhne, Wirtschaftsrechnungen
N Volkswirtschaftliche Gesamtrechnungen

Die wichtigsten Ergebnisse der Geld- und Kreditstatistik sind den *Monatsberichten* und den *Statistischen Beiheften* zu den Monatsberichten der Deutschen Bundesbank zu entnehmen.

Bei der Betrachtung der Verfügbarkeit wirtschaftsstatistischer Daten ist zwischen den ersten (vorläufigen) und den letzten (endgültigen) Veröffentlichungen zu unterscheiden. Erste Veröffentlichungen (mit denen in der wirtschaftspolitischen Diskussion bei wichtigen kurzfristigen Indikatoren häufig argumentiert wird) haben die Aufgabe, eine möglichst schnelle Orientierung über wirtschaftliche Entwicklungen zu ermöglichen. Sie beruhen teilweise auf Schätzungen, wenn die Erhebungsunterlagen nicht fristgemäß vorliegen. Die Veröffentlichung erster (letzter) Ergebnisse in der amtlichen Statistik erfolgt im Bereich der Produktions- und Preisentwicklung, des Auftragseingangs und des Außenhandels bei den Monatswerten etwa 2 (4) Monate nach dem Berichtszeitraum. Die Angaben der vierteljährlichen Produktionserhebung liegen etwa 3 (5) Monate nach dem Berichtszeitraum, die Angaben des Mikrozensus (1%-Auswahlsatz) etwa 10 (33) Monate nach dem Erhebungszeitraum, die Angaben der Einkommens- und Verbrauchsstichproben (Beispiel 1962/63) etwa 4 bis 5 Jahre nach dem Erhebungszeitraum und die Ergebnisse der Volkszählungen nach 6 bis 8 Jahren vor.

Literaturhinweise

Spilker, H.: Probleme der Zuordnung nach dem Schwerpunkt der wirtschaftlichen Tätigkeit, *in*: Allgemeines Statistisches Archiv 1967, S. 187-210.

Süsser, H.-G.: Untersuchungen zur Homogenität und Heterogenität der Industrieunternehmen, *in*: Wirtschaft und Statistik 1970, S. 497-504.

Statistisches Bundesamt (Hrsg.):
- Das Arbeitsgebiet der Bundesstatistik – Ausgabe 1971 –, Stuttgart und Mainz 1971.
- Stichproben in der amtlichen Statistik, Stuttgart und Mainz 1960.
- Systematisches Warenverzeichnis für die Industriestatistik – Ausgabe 1975 –. Stuttgart und Mainz 1974.

Szameitat, K.: Zur Aktualisierung der Wirtschaftsstatistik, *in*: Allgemeines Statistisches Archiv 1967, S. 211-223.

3. Methodische Grundlagen

Meßzahlen
Wachstumsraten
Gewichtetes arithmetisches Mittel und gewichtetes harmonisches Mittel
Indexzahlen nach Laspeyres und Paasche
Unterschiede
Interpretation
Anwendungsbereiche
Deflationierung
Umbasierung

3.1. Elementare Transformationen wirtschaftsstatistischer Daten

Amtliche wirtschaftsstatistische Daten werden überwiegend in Tabellenform veröffentlicht und stellen nur selten gebrauchsfertige Informationen dar. Der Benutzer ist im Hinblick auf den Verwendungszweck (insbesondere bei statistischen Vergleichen) häufig gezwungen, die jeweils relevanten Daten durch *Transformationen* (Umrechnungen) des Ausgangsmaterials zu gewinnen.

Wird ein sachlicher oder örtlicher Vergleich angestrebt, so werden überwiegend Verhältniszahlen in der Form von Gliederungszahlen oder Beziehungszahlen berechnet.

Mit Hilfe von *Gliederungszahlen* oder Quoten kann ein statistischer Tatbestand dadurch strukturiert werden, daß Teilgrößen auf die jeweilige Gesamtgröße bezogen werden. Multipliziert man diese Quotienten mit 100, so wird auch von Prozentzahlen gesprochen. In der Wirtschaftsstatistik lassen sich etwa die folgenden Gliederungszahlen bilden: Zahl der Arbeiter eines Betriebes/Zahl der Beschäftigten eines Betriebes oder Ausgaben für Nahrungs- und Genußmittel eines Haushalts/Gesamtausgaben eines Haushalts.

Bei der Konstruktion von *Beziehungszahlen* werden zwei verschiedene statistische Größen, die in sachlich (zeitlich und geographisch) sinnvoller Beziehung zueinander stehen, aufeinander bezogen. So können etwa die folgenden Beziehungszahlen gebildet werden: Lohnsumme eines Betriebes/Zahl der Lohnempfänger eines Betriebes (Durchschnittslohn) oder Zahl der Einwohner eines Landes/Fläche des Landes in Quadratkilometern (Bevölkerungsdichte).

Bei einem zeitlichen Vergleich wird in der Regel von einer Folge zeitlich geordneter Beobachtungswerte x_t (mit $t = 1, 2, \ldots, n$) ausgegangen *(Zeitreihe)*. Bei wirtschaftsstatistischen Zeitreihen erfolgen die Beobachtungen überwiegend in gleichen Zeitabständen (Jahren, Halbjahren, Vierteljahren oder Monaten). In diesen Fällen wird von äquidistanten Zeitreihen gesprochen.

Bei der Analyse ökonomischer Zeitreihen wird gewöhnlich unterstellt, daß der Bewegungsablauf der Zeitreihe durch die folgenden Bewegungskomponenten beschrieben werden kann:

(1) *Trend* (langfristige wirtschaftliche Entwicklung, Wachstum), (2) *zyklische Komponente* (mittelfristige Schwankungen der wirtschaftlichen Entwicklung im Bereich von etwa 5 bis 10 Jahren, Konjunkturschwankungen), (3) *Saisonkomponente* (saisonale, jahreszeitliche Schwankungen der wirtschaftlichen Entwicklung) und (4) *Restkomponente* (unregelmäßige, zufällige Einflüsse).

Der zeitliche Vergleich wird in der Wirtschaftsstatistik häufig unter Abstellung auf die Berechnung von *Veränderungszahlen* durchgeführt. Die wichtigsten Veränderungszahlen lassen sich in Meßzahlen, Gliedzahlen, erste Differenzen und Wachstumsraten einteilen.

Bei der Bildung von *Meßzahlen* ($M_{o,t}$) werden die laufenden Zeitreihenwerte x_t auf einen festen Basiswert x_o bezogen. Der Zeitraum oder Zeitpunkt t wird in diesem Zusammenhang auch als Berichtszeitraum oder Berichtszeitpunkt, der Zeitpunkt oder Zeitraum o als Basiszeitraum oder Basiszeitpunkt bezeichnet.

$$M_{o,t} = \frac{x_t}{x_o} \quad \text{mit } t = 1, 2, \ldots, n$$

Gliedzahlen oder Wachstumsfaktoren ($M_{t-1,t}$) erfassen bei Jahreswerten die relative Änderung zweier unmittelbar aufeinanderfolgender Beobachtungswerte.

$$M_{t-1,t} = \frac{x_t}{x_{t-1}} \quad \text{mit } t = 1, 2, \ldots, n$$

Wird von Monatswerten ausgegangen, so kann als Bezugsgröße der jeweilige Vormonat oder der jeweilige Vorjahresmonat ausgewählt werden. Analoge Überlegungen gelten für Vierteljahres- und Halbjahreswerte.

Beispiel

Jahr (t)	Umsatz in Mill. DM	Meßzahlen d. Umsatzes ($x_o = x_3$)	Gliedzahlen d. Umsatzes
1	10	0,67	–
2	12	0,80	1,20
3	15	1,00	1,25
4	18	1,20	1,20
5	20	1,33	1,11

Bei der Berechnung der *ersten Differenzen* ($D_{t-1,t}$) wird bei Jahreswerten die absolute Änderung zweier unmittelbar aufeinanderfolgender Beobachtungswerte erfaßt.

$$D_{t-1,1} = x_t - x_{t-1} \quad \text{mit } t = 1, 2, \ldots, n$$

Bei Monatswerten können erste Differenzen ermittelt werden einmal zwischen den laufenden Monatswerten und den jeweiligen Vormonatswerten und zum anderen zwischen den laufenden Monatswerten und den jeweiligen Vorjahresmonatswerten (entsprechend für Vierteljahres- und Halbjahreswerte).

Zeigt sich für eine vorliegende Zeitreihe, daß die ersten Differenzen (im Vorjahresvergleich) in etwa gleich groß sind, dann liegt ein arithmetisches Wachstum vor; bei annähernder Konstanz der Gliedzahlen wird bei einem Vorjahresvergleich von einem geometrischen Wachstum gesprochen.

In der wirtschaftspolitischen Diskussion wird überwiegend von einer Betrachtung der *Wachstumsraten* ökonomischer Größen ausgegangen, die zum Teil neben den absoluten Werten auch durch das Statistische Bundesamt berechnet und veröffentlicht werden. Wachstumsraten ($W_{t-1,t}$) sind definiert als Veränderungsraten im Vorjahresvergleich. Für Jahreswerte gilt:

$$W_{t-1,1} = \frac{x_t - x_{t-1}}{x_{t-1}} \cdot 100 \qquad \text{mit } t = 1, 2, \ldots, n$$

Der Zusammenhang zwischen Gliedzahlen und Wachstumsraten läßt sich wie folgt darstellen:

$$\frac{x_t - x_{t-1}}{x_{t-1}} \cdot 100 = \frac{x_t}{x_{t-1}} \cdot 100 - 100$$

Liegen Monatswerte vor, so wird bei der Berechnung von Wachstumsraten die Veränderungsrate zwischen den laufenden Monatswerten und den jeweiligen Vorjahresmonatswerten ermittelt (analog für Vierteljahres- und Halbjahreswerte). In Einzelfällen (etwa bei einer Analyse der Verbraucherpreisentwicklung) werden zusätzlich die Veränderungsraten im Vormonatsvergleich betrachtet.

Beispiel (Fortsetzung)

Jahr (t)	Umsatz in Mill. DM	Erste Differenzen	Wachstumsraten
1	10	–	–
2	12	2	20
3	15	3	25
4	18	3	20
5	20	2	11

Bei der Berechnung von Veränderungszahlen ist zu beachten,

– daß die hier betrachteten Größen die zyklische Struktur der jeweiligen Ausgangsreihe verändern können (Verschiebung der relativen Maxima und Minima, Reduzierung des Einflusses der langfristigen Schwankungen u. ä.) und
– daß bei der Konstruktion von Gliedzahlen, ersten Differenzen und Wachstums-

raten trendmäßige Entwicklungen (im Vorjahresvergleich bei Monats-, Vierteljahres- und Halbjahreswerten zusätzlich eventuelle saisonale Bewegungen) teilweise ausgeschaltet werden.

3.2 *Mittelwerte*

Bei der Analyse wirtschaftsstatistischer Daten wird vielfach eine Informationsverdichtung durch die Berechnung von Mittelwerten erreicht. Die dabei benutzten (rechnerischen) Mittelwerte sind für eine Reihe von Beobachtungswerten x_i (mit $i = 1, 2, \ldots, m$) wie folgt definiert:

Arithmetisches Mittel (AM): $\frac{1}{m} \sum_{i=1}^{m} x_i$

Harmonisches Mittel (HM): $\frac{m}{\sum_{i=1}^{m} \frac{1}{x_i}}$

Geometrisches Mittel (GM): $\left(\prod_{i=1}^{m} x_i \right)^{\frac{1}{m}}$

Erscheint aus rechentechnisch-praktischen oder ökonomischen Überlegungen eine Gewichtung der Beobachtungswerte x_i angebracht, so ist von den folgenden gewichteten (rechnerischen) Mittelwerten auszugehen (Gewichte: w_i mit $i = 1, 2, \ldots, m$):

Gewichtetes arithmetisches Mittel (GAM): $\frac{\sum_{i=1}^{m} x_i \cdot w_i}{\sum_{i=1}^{m} w_i}$

Gewichtetes harmonisches Mittel (GHM): $\frac{\sum_{i=1}^{m} w_i}{\sum_{i=1}^{m} \frac{1}{x_i} \cdot w_i}$

Gewichtetes geometrisches Mittel (GGM): $\left(\prod_{i=1}^{m} x_i^{w_i} \right)^{1 / \sum_{i=1}^{m} w_i}$

In der Regel gelten die folgenden Beziehungen: AM > GM > HM und GAM > GGM > GHM. Die jeweils betrachteten Mittelwerte stimmen überein, wenn alle Beobachtungswerte (und die Gewichte) gleich sind.

In der wirtschaftsstatistischen Praxis wird in der Regel das arithmetische Mittel (in der gewichteten und in der ungewichteten Form) berechnet.

Das *harmonische Mittel* ist dann anzuwenden, wenn ein Mittelwert aus „dimensionierten" Größen (wie km/Stunde oder Stück/Stunde) zu berechnen ist, und wenn der Zähler der „dimensionierten" Größe (hier km bzw. Stück) in der Fragestellung als feste Größe vorgegeben ist. In jedem Fall kann jedoch in diesem Zusammenhang ein gewichtetes arithmetisches Mittel benutzt werden, wenn die Gewichte über den Nenner der jeweiligen Dimension (hier Stunde) bestimmt werden.

Liegen die Beobachtungswerte in der Form von (relativen) Veränderungszahlen (wie Meßzahlen, Gliedzahlen oder Wachstumsraten) vor, die sich sinnvoll multiplikativ verknüpfen lassen, so ist bei der Mittelwertberechnung das *geometrische Mittel* zu benutzen.

3.3. Indexzahlen

3.3.1 Konstruktion von Indexzahlen

Bei einem zeitlichen Vergleich „einfacher" statistischer Phänomene (wie der Preisentwicklung eines Guts oder der Mengenentwicklung eines Produkts) werden in der Wirtschaftsstatistik Meßzahlen berechnet, während bei einem zeitlichen Vergleich „komplexer" statistischer Phänomene (wie der Preisniveauentwicklung oder der Produktionsentwicklung einer Volkswirtschaft) auf die Konstruktion von Indexzahlen zurückgegriffen wird. Dabei sind die folgenden Arten von Meßzahlen zu unterscheiden:

Preismeßzahl	$\frac{p_i(t)}{p_i(o)}$
Mengenmeßzahl	$\frac{q_i(t)}{q_i(o)}$
Wertmeßzahl	$\frac{p_i(t) \cdot q_i(t)}{p_i(o) \cdot q_i(o)}$

Dabei bezeichnen:
- p Preis
- q Menge
- o Basisperiode
- t Berichtsperiode
- i (mit i = 1, 2, . . ., m) ausgewählte Güter oder Warengruppen

Die in der amtlichen Statistik der Bundesrepublik Deutschland benutzten Indexzahlen stellen gewichtete Mittelwerte von Preis-, Mengen- oder Wertmeßzahlen dar, wobei das gewichtete arithmetische Mittel und das gewichtete harmonische Mittel benutzt werden. Das gewichtete geometrische Mittel, das die in den einzelnen Meßzahlen ausgedrückte Veränderung der Preise, Mengen oder Werte adäquat erfaßt, findet hier keine Anwendung.

Die durch das gewichtete arithmetische Mittel zusammengefaßten Preis- oder Mengenmeßzahlen werden als *Laspeyres*-Indexzahlen bezeichnet, wenn die Gewichtung über die Umsatz- oder Ausgabenanteile der Basisperiode erfolgt. *Paasche*-Indexzahlen gehen von einem gewichteten harmonischen Mittel aus, wobei als Gewichte die Umsatz- oder Ausgabenanteile der Berichtsperiode herangezogen werden (Anteile jeweils in Prozent).

Ausgehend von Wertmeßzahlen führt die Berechnung einer Wertindexzahl nach dem Laspeyres- oder dem Paascheverfahren zu einem übereinstimmenden Ergebnis. Dieser Größe kommt bei einer Betrachtung etwa der Entwicklung der Lebenshaltungskosten oder des wertmäßigen Umsatzes einer Branche eine besondere Bedeutung zu.

In der folgenden Übersicht sind die angeführten Indexzahlen zusammengestellt.

Mittelwert / Meßzahlen	*Laspeyres* –gewichtetes arithmetisches Mittel –Gewichte: Ausgaben- oder Umsatzanteile der Basisperiode in %	*Paasche* –gewichtetes harmonisches Mittel –Gewichte: Ausgaben oder Umsatzanteile der Berichtsperiode in %
Preismeßzahlen $p_i(t)/p_i(o)$	Preisindex(zahl) nach Laspeyres PL (o, t)	Preisindex(zahl) nach Paasche PP (o,t)
Mengenmeßzahlen $q_i(t)/q_i(o)$	Mengenindex(zahl) nach Laspeyres ML (o,t)	Mengenindex(zahl) nach Paasche MP (o,t)
Wertmeßzahlen $\frac{p_i(t) \cdot q_i(t)}{p_i(o) \cdot q_i(o)}$	Wertindex(zahl) WL (o,t) = WP (o,t) = W (o,t)	

Übersicht 4: Indexzahlen nach Laspeyres und Paasche

Beispiel
Es liegen die Preisveränderungen (Meßzahlen) von der Basisperiode zur Berichtsperiode und die Ausgabenanteile in der Basisperiode für 5 Warengruppen vor (Meßzahlen: 2 – 1,5 – 2,5 – 0,5 – 3; Ausgabenanteile: 0,4 – 0,1 – 0,1 – 0,2 – 0,2). Es ist ein Preisindex nach Laspeyres zu berechnen!

Lösung: 190,0. (Hinweis: eine analoge Anwendung des gewichteten geometrischen Mittels führt zu: 163,3).

Beispiel
Mit Hilfe der folgenden Angaben ist ein Preisindex nach Laspeyres zu berechnen: zwischen der Basisperiode und der Berichtsperiode sind die Preise aller betrachteten Warengruppen konstant

geblieben mit Ausnahme der Preise für eine Warengruppe (Preissteigerung 20 %), deren Anteil an den Gesamtausgaben im Basisjahr 40 % betrug!

Lösung: (0,4 • 1,2 + 0,6 • 1,0) • 100 = 108.

Ein Preisindex nach Laspeyres kann wie folgt umgeformt werden:

$$PL(o,t) = \frac{\sum_{i=1}^{m} \frac{p_i(t)}{p_i(o)} \cdot w_i}{\sum_{i=1}^{m} w_i} \cdot 100 \quad \text{mit } w_i = \frac{p_i(o) \cdot q_i(o)}{\sum_{i=1}^{m} p_i(o) \cdot q_i(o)}$$

$$= \frac{\sum_{i=1}^{m} p_i(t) \cdot q_i(o)}{\sum_{i=1}^{m} p_i(o) \cdot q_i(o)} \cdot 100$$

Entsprechend gilt für einen Preisindex nach Paasche:

$$PP(o,t) = \frac{\sum_{i=1}^{m} w_i^*}{\sum_{i=1}^{m} \frac{p_i(o)}{p_i(t)} \cdot w_i^*} \cdot 100 \quad \text{mit } w_i^* = \frac{p_i(t) \cdot q_i(t)}{\sum_{i=1}^{m} p_i(t) \cdot q_i(t)}$$

$$= \frac{\sum_{i=1}^{m} p_i(t) \cdot q_i(t)}{\sum_{i=1}^{m} p_i(o) \cdot q_i(t)} \cdot 100$$

Legt man als Gewichte die ökonomisch nur schwer interpretierbaren Ausdrücke (Preis eines Gutes i im Basisjahr • Menge eines Gutes i im Berichtsjahr) zugrunde, dann kann ein Preisindex nach Paasche auch als gewichtetes arithmetisches Mittel von Preismeßzahlen geschrieben werden:

$$PP(o,t) = \frac{\sum_{i=1}^{m} \frac{p_i(t)}{p_i(o)} \cdot w_i^+}{\sum_{i=1}^{m} w_i^+} \cdot 100 \quad \text{mit } w_i^+ = p_i(o) \cdot q_i(t) : \frac{\sum_{i=1}^{m} p_i(t) \cdot q_i(t)}{\sum_{i=1}^{m} p_i(o) \cdot q_i(t)} \cdot 100$$

Analog sind Mengenindexzahlen nach Laspeyres und Paasche zu konstruieren, indem von Mengenmeßzahlen ausgegangen wird.

Stets gelten die folgenden Beziehungen:

$$(1)\quad PL\,(o,t) = \frac{10.000}{PP\,(t,o)}$$

$$(2)\quad ML\,(o,t) = \frac{10.000}{MP\,(t,o)}$$

$$(3)\quad \frac{PL\,(o,t) \cdot MP\,(o,t)}{100} = \frac{PP\,(o,t) \cdot ML\,(o,t)}{100} = W\,(o,t)$$

Wird nach (3) eine Wertindexzahl durch eine Preisindexzahl nach Paasche dividiert (und mit 100 multipliziert), so ergibt sich eine Mengenindexzahl nach Laspeyres. Dieses Verfahren wird bei der *Deflationierung* (Preisbereinigung) wirtschaftsstatistischer Wertgrößen benutzt. Liegen geeignete Preisindexzahlen nach Paasche nicht vor, so wird meist ein Preisindex nach Laspeyres benutzt. Dabei ist allerdings zu beachten, daß bei diesem Vorgehen eine Mengenindexzahl nach Paasche berechnet wird.

Bei der praktischen Berechnung von Preis-, Mengen- und Wertindexzahlen wird in der amtlichen Statistik in der Regel auf die in der folgenden Übersicht zusammengestellten Aggregatformeln zurückgegriffen, bei denen das Verhältnis von zwei Wertsummen betrachtet wird. Aus Gründen der Übersichtlichkeit sind hier die Summationsindizes nicht notiert.

	Laspeyres	Paasche
Preisindex(zahl)	$\frac{\Sigma\, p(t) \cdot q(o)}{\Sigma\, p(o) \cdot q(o)} \cdot 100$	$\frac{\Sigma\, p(t) \cdot q(t)}{\Sigma\, p(o) \cdot q(t)} \cdot 100$
Mengenindex(zahl)	$\frac{\Sigma\, p(o) \cdot q(t)}{\Sigma\, p(o) \cdot q(o)} \cdot 100$	$\frac{\Sigma\, p(t) \cdot q(t)}{\Sigma\, p(t) \cdot q(o)} \cdot 100$
Wertindex(zahl)	$\frac{\Sigma\, p(t) \cdot q(t)}{\Sigma\, p(o) \cdot q(o)} \cdot 100$	

Übersicht 5: Aggregatformeln

Beispiel

Für übereinstimmende Gütergruppen und übereinstimmende Basis- und Berichtsperioden sollen Mengen-, Preis- und Wertindexzahlen berechnet werden unter der Voraussetzung, daß die Preise aller erfaßten Gütergruppen um 20 % gestiegen sind und die Mengen aller erfaßten Gütergruppen um 10 % gesunken sind!

Lösung:	Preisindex nach Laspeyres	120
	Preisindex nach Paasche	120
	Mengenindex nach Laspeyres	90
	Mengenindex nach Paasche	90
	Wertindex	108.

3.3.2. Interpretation von Laspeyres- und Paascheindizes

Die Frage, welche der hier angeführten Methoden zur Berechnung von Indexzahlen (Laspeyres oder Paasche) die „richtigere" sei, ist unter wirtschaftsstatistischen Aspekten primär als ein Problem der ökonomischen Interpretation anzusehen.

So erfaßt eine Preisindexzahl nach *Laspeyres* die Preisentwicklung von der Basisperiode zur Berichtsperiode für eine vorgegebene homogene Gütermenge (Warenkorb), wobei die Struktur der Basisperiode festgeschrieben wird. Demnach läßt sich die Aussage einer (Verbraucher-)Preisindexzahl nach Laspeyres wie folgt fassen: wieviel Prozent mehr oder weniger muß ein ausgewählter (Index-)Haushalt ausgeben, wenn er im Berichtsjahr dieselben Güter kaufen würde wie im Basisjahr. Die Preisindexzahl nach Laspeyres kann demnach als historische Indexzahl charakterisiert werden.

Eine Preisindexzahl nach *Paasche* kann dagegen als aktuelle Preisindexzahl bezeichnet werden. Sie beantwortet die Frage: wieviel Prozent mehr oder weniger muß ein ausgewählter (Index-)Haushalt ausgeben, wenn er in der Basisperiode bereits dieselben Güter gekauft hätte wie in der Berichtsperiode. Preisindexzahlen nach Laspeyres und nach Paasche erfassen somit zwei ökonomische Grenzfälle.

Analog sind Mengenindexzahlen nach Laspeyres und nach Paasche zu interpretieren. Eine Wertindexzahl erfaßt dagegen Mengen- und Preisänderungen.

Über das Verhältnis von Preisindexzahlen nach Laspeyres und nach Paasche, die für übereinstimmende Basis- und Berichtsperioden berechnet werden, lassen sich die folgenden Aussagen machen: Preisindexzahlen nach Laspeyres sind bei überwiegenden Preissteigerungen (mit wachsender Entfernung von der Basisperiode zunehmend) größer als Preisindexzahlen nach Paasche. Zur Erklärung dieses empirisch zu beobachtenden Tatbestandes wird gewöhnlich auf das rationale Verbraucherverhalten verwiesen, d. h. es wird im Durchschnitt zu erwarten sein, daß die (mengenmäßige) Nachfrage nach Gütern und Dienstleistungen, deren Preise sich weniger stark verteuern oder überproportional verbilligen, ansteigt. In den Preisindexzahlen nach Laspeyres werden diese Nachfrageveränderungen wegen der festgeschriebenen Struktur des Basisjahres nicht erfaßt.

3.3.3. Anwendungsprobleme in der amtlichen Statistik

In der amtlichen Statistik wird insbesondere im Rahmen der kurzfristigen Berichterstattung überwiegend auf Indexzahlen nach Laspeyres abgestellt, wobei Kostengesichtspunkte und die schnelle Verfügbarkeit der jeweiligen Ergebnisse für dieses Vorgehen ausschlaggebend sind. In den Laspeyresindexzahlen müssen im Rahmen der laufenden Berechnung lediglich die aktuellen Preise (bei Preisindexzahlen) oder Mengen (bei Mengenindexzahlen) erfaßt werden.

Preisindexzahlen nach Paasche werden in der amtlichen Statistik primär unter zwei Gesichtspunkten berechnet. Einmal zum Zweck der *Deflationierung* im Rahmen der Volkswirtschaftlichen Gesamtrechnung für die Wertgrößen der Verwendungsrechnung (Letzte inländische

Verwendung, Verbrauch, Investition u. a.) und zum anderen zur *Kontrolle* der Laspeyrespreisindexzahlen, wobei in der Regel jährlich für einzelne Preisindexzahlen nach Laspeyres Sonderrechnungen nach dem Paasche-Verfahren durchgeführt werden. Damit soll geprüft werden, ob die den jeweiligen Laspeyrespreisindizes zugrundeliegende Struktur des Basisjahres aktuelle Verhältnisse noch erfassen kann oder ob eine Neuberechnung für eine neue Basisperiode angebracht ist.

In der amtlichen Statistik werden die Mengen-, Preis- und Wertindexzahlen in der Regel in vierjährigen Abständen den Strukturveränderungen angepaßt: die wichtigsten Basisperioden (Basisjahre) sind 1950, 1954, 1958, 1962 und (teilweise) 1970.

Daß bei der Wahl eines *Basisjahres* nicht in jedem Fall der theoretischen Forderung, ein Jahr „normaler" wirtschaftlicher Entwicklung zu wählen, entsprochen werden kann, zeigen beispielhaft die Überlegungen, die zur Wahl des Basisjahres 1970 in der amtlichen Statistik führten. Unter Abstellung auf das Vorgehen in der Vergangenheit schien nach 1962 das Jahr 1966 als neues Basisjahr für Indexzahlen in Frage zu kommen. Zudem zeigten etwa die Kontrollrechnungen zum Preisindex für die Lebenshaltung, daß die entsprechenden Indexzahlen auf der Basis 1962 die Preisentwicklung deutlich überzeichneten. Wegen der wirtschaftlichen Rezession in der Bundesrepublik Deutschland schieden aber die Jahre 1966 und 1967 als neue Basisjahre aus. Auf das Jahr 1969 wurde nicht abgestellt wegen der Einführung der Mehrwertsteuer und der zu erwartenden Umstellungsschwierigkeiten in der Wirtschaft. Für die Wahl des neuen Basisjahres 1970 waren dann die folgenden Überlegungen ausschlaggebend: dieses Jahr war einmal in den internationalen Vereinbarungen als neues Basisjahr festgelegt worden und zum anderen erfolgte in diesem Jahr innerhalb der Europäischen Wirtschaftsgemeinschaft keine Änderung der Währungsparitäten.

Mit dieser Wahl der Basisjahre versucht das Statistische Bundesamt der Funktion der wichtigsten Laspeyresindexzahlen als kurzfristige Indikatoren der wirtschaftlichen Entwicklung gerecht zu werden, deren Brauchbarkeit wesentlich von der Aktualität der jeweiligen Gewichtung mitbestimmt wird. Damit tritt gleichzeitig die Forderung insbesondere der Ökonometriker und Juristen nach Kontinuität und damit formaler Vergleichbarkeit der Indexzahl-Zeitreihen in den Hintergrund.

Zur Bildung „langer Zeitreihen" wird amtlicherseits (sofern entsprechende Angaben vorliegen) in der Regel versucht, zunächst eine Rückrechnung und dann eine *Umbasierung* der Indexzahl-Zeitreihen zur alten und zur neuen Basis durchzuführen. Als Umbasierungszeitpunkt wird gewöhnlich der Zeitpunkt gewählt, in dem die Laspeyresindexzahl zur alten Basis und die Laspeyresindexzahl zur neuen Basis in einem möglichst „günstigen" Verhältnis zur jeweiligen (Paasche-)Kontrollindexzahl stehen, wobei als Kriterium darauf abgestellt wird, ob die *Wachstumsraten* bei den drei angeführten Indexzahlen in etwa gleich sind.

Das Statistische Bundesamt wählt als Umbasierungszeitpunkt bei Monatswerten dabei nicht ein Jahr oder einen Jahresdurchschnitt, sondern einen repräsentativen Monat aus. Für die amtlichen Indexzahlen sind dies in der Regel der Januar 1968 (Basis 1962 und 1970), der Januar 1961 (Basis 1958 und 1962) und der Januar 1957 (Basis 1954 bzw. 1950 und 1958).

Bei der Analyse dieser so konstruierten „langen Zeitreihen" ist zu beachten, daß die Methode der Umbasierung lediglich eine Näherungslösung darstellt, da durch dieses Verfahren Strukturänderungen nicht berücksichtigt werden.

Beispiel
Für eine Indexzahl zur Basis 1962 wurde eine Neuberechnung (eine neue Gewichtung) zur Basis 1970 vorgenommen. Die Indexzahlen auf der Basis 1962 betragen für: –1967: 125,0 – 1968: 130,0 – 1969: 150,0 – 1970: 160,0 – und auf der Basis 1970 für: – 1971: 110,0 – 1972: 116,0 –. Eine „lange Zeitreihe" der Indexzahl zur Basis 1970 kann wie folgt gebildet werden: die jeweiligen Werte zur Basis 1962 werden mit 0,625 (100/160) multipliziert. Daraus folgt für: – 1967: 78,1 – 1968: 81,3 – 1969: 93,8 –.

In der amtlichen Statistik werden Indexzahlen für sachlich übergeordnete Bereiche in der Regel mit Hilfe des gewichteten arithmetischen Mittels (nicht mit Hilfe des gewichteten geometrischen Mittels!) aus den jeweiligen *Teil-Indexzahlen* berechnet.

Beispiel
Für 4 Ausgabengruppen liegen die folgenden Angaben über die Ausgabenanteile im Basisjahr und über die Höhe der Preisindexzahlen im Berichtsjahr vor. Es ist ein (Gesamt-) Preisindex für die 4 Ausgabengruppen zu berechnen!

Ausgaben für	Ausgabenanteil im Basisjahr	Preisindex
(1) Nahrungs- und Genußmittel	0,3	113
(2) Kleidung, Schuhe	0,1	116
(3) Wohnungsmiete	0,2	119
(4) Sonstige Ausgaben	0,4	117

Lösung: 116,1.

Literaturhinweise

Blind, A.: Das harmonische Mittel in der Statistik, *in*: Allgemeines Statistisches Archiv 1952, S. 231–236.

Brachwitz, W.: Zur Frage der Anwendung des geometrischen Mittels (insbesondere bei der Berechnung von Indexzahlen), *in*: Allgemeines Statistisches Archiv 1958, S. 39–41.

Guckes, S.: Zur Neuberechnung der Preisindizes auf Basis 1970, *in*: Wirtschaft und Statistik 1973, S. 691–693.

Flaskämper, P.: Theorie der Indexzahlen (Beitrag zur Logik des statistischen Vergleichs), Berlin und Leipzig 1928.

Heiler, S. und *H. Rinne*: Einführung in die Statistik, Meisenheim am Glan 1971.

Menges, G und *J. Skala*: Grundriß der Statistik Teil 2: Daten (Ihre Gewinnung und Verarbeitung), Opladen 1973.

Reichardt, H.: Statistische Methodenlehre für Wirtschaftswissenschaftler, 5. Auflage, Düsseldorf 1975.

Wetzel, W.: Statistische Grundausbildung für Wirtschaftswissenschaftler (I: Beschreibende Statistik), Berlin und New York 1971.

4. Fehler in wirtschaftsstatistischen Daten und Fehlerfortpflanzung

Systematische Fehler Fehlerquellen Relative Fehler

Wirtschaftsstatistische Daten sind wie die Ergebnisse naturwissenschaftlicher Experimente fehlerbehaftet und stellen somit lediglich Näherungswerte für empirische Tatbestände dar. Das Problem der Genauigkeit wirtschaftsstatistischer Daten kann aus der Sicht des Produzenten und aus der Sicht des Benutzers des (amtlichen) Datenmaterials betrachtet werden.

Die amtliche Statistik hat die Aufgabe, statistische Informationen primär für Verwaltungszwecke bereitzustellen, die jedoch mit den Anforderungen aus Wirtschaft und Wissenschaft und der interessierten Öffentlichkeit konkurrieren. Die Genauigkeit wirtschaftsstatistischer (amtlicher) Daten ist in diesem Zusammenhang demnach auch auf der Basis des Kompromisses zu beurteilen, der jeweils zwischen den verwendungsorientierten Anforderungen, den daraus abgeleiteten wirtschaftsstatistischen Begriffen und ihrer statistisch-praktischen Realisierbarkeit zu schließen ist.

Der Benutzer wirtschaftsstatistischer Daten hat in der Regel davon auszugehen, daß zwischen der seinem Verwendungszweck entsprechenden Definition eines interessierenden Tatbestandes und der Definition in der amtlichen Statistik logische Diskrepanzen bestehen. Die Genauigkeit wirtschaftsstatistischer Daten hängt hier damit auch von der Relevanz und von der Elastizität der jeweiligen amtlichen Definition ab.

Daß sich die Qualitätsanforderungen an wirtschaftsstatistische Daten darüber hinaus im Zeitablauf ändern können, zeigt etwa die Tatsache, daß dem Problem der Genauigkeit in konjunkturellen Abschwungphasen oder bei konjunkturellen Wendepunkten häufig eine größere Bedeutung zugemessen wird als in konjunkturellen Aufschwungphasen.

4.1. Fehlerarten und Fehlerquellen

Der Gesamtfehler wirtschaftsstatistischer Informationen wird gewöhnlich aufgeteilt in einen Zufallsfehler und in einen systematischen Fehler, wobei davon auszugehen ist, daß in der praktischen Arbeit beide Fehlerarten kombiniert auftreten.

Der *Zufallsfehler* kann bei auf dem Zufallsprinzip basierenden Erhebungen (Stichproben) mit Hilfe statistischer Verfahren abgeschätzt werden und wird sich bei einer wachsenden Zahl von Beobachtungen aufheben. Bei wirtschaftsstatistischen Daten kommt jedoch dem *systemati-*

schen Fehler eine größere Bedeutung zu, der eine einseitige (positive oder negative) Abweichung in bezug auf den zu erfassenden Tatbestand bewirkt.

Zur Erfassung des Gesamtfehlers (insbesondere des systematischen Anteils) bieten sich in der amtlichen Statistik Genauigkeitskontrollen (in der Form von automatischen Plausibilitätskontrollen oder Kontrollerhebungen) und Vergleiche mit anderen Erhebungen an.

Bei der Beurteilung der Genauigkeit wirtschaftsstatistischer Daten durch den Benutzer kann eine Betrachtung der *Fehlerquellen* vielfach zu Aufschlüssen über die Richtung des systematischen Fehlers führen, wohingegen die Größenordnung nur in Einzelfällen zu ermitteln ist. Im Hinblick auf die Fehlerquellen kann zwischen Fehlern unterschieden werden, die auftreten bei der Erhebung, Aufbereitung und Interpretation des Datenmaterials.

Bei der *Erhebung* können Fehler durch den Erhebungsplan, die Erhebungsorganisation und den Erhebungsprozeß verursacht werden. Mögliche Fehlerquellen: Zuordnungsfehler durch mißverständliche Fragen und unscharfe Abgrenzungen, Klassifikationen, Definitionen und Konzepte; Auslassungen; Doppelzählungen; falsche Angaben der Befragten oder Antwortverweigerung; Interviewerbias.

Bei der *Aufbereitung* der erhobenen Daten ist auf die folgenden Fehlerquellen hinzuweisen: Übertragungsfehler (Schreib- oder Lochfehler); Rundungsfehler und Fehlerfortpflanzung; Schätzungen zur Überbrückung fehlender Daten (bei der Publikation vorläufiger Ergebnisse oder) bei in größeren zeitlichen Abständen erhobenen Tatbeständen; Deflationierung auf der Grundlage nicht originär berechneter Preisindexzahlen; Berechnung von „Restgrößen"; Zusammenfassung inhomogener Einzelerhebungen bei der Berechnung von „Makrogrößen".

Bei der *Interpretation* wirtschaftsstatistischer Daten (durch den Benutzer) sind die folgenden Fehlerquellen anzuführen: Übertragung von Teilbereichsergebnissen auf den Gesamtbereich des Untersuchungsgegenstandes; Fehlinterpretationen aus Unkenntnis oder Mißverständnis der benutzten wirtschaftsstatistischen Abgrenzungen, Klassifikationen, Definitionen oder Konzepte; Fehlerfortpflanzung bei der Berechnung von Quotienten, Mittelwerten, Wachstumsraten u. ä.; Abstellen auf erste (vorläufige) Ergebnisse der Aufbereitung.

Über die Richtung und die Größenordnung der Fehler in (amtlichen) wirtschaftsstatistischen Zahlen werden vom Statistischen Bundesamt keine Angaben vorgelegt. In entsprechenden vergleichenden und methodischen Untersuchungen finden sich jedoch vereinzelt Hinweise und Vermutungen über das Ausmaß der Fehler.

So ist der in der amtlichen Statistik der Bundesrepublik Deutschland veröffentlichte endgültige Wert des Bruttosozialprodukts häufig 3 bis 5 % größer als der (erste) vorläufige Wert.

Kann geht davon aus, daß in der amtlichen Statistik der Bundesrepublik Deutschland der Wert des Beitrages der Verarbeitenden Industrie zum Bruttoinlandsprodukt um 10 % zu niedrig und damit das Bruttoinlandsprodukt um etwa 6 % zu niedrig ausgewiesen wird.

Morgenstern vermutet, daß der Fehler bei wirtschaftsstatistischen Daten etwa ± 10 % beträgt.

Die kurzfristige Preisstatistik weist in der Bundesrepublik Deutschland (auf Grund des Berechnungsverfahrens) die Preisentwicklung bei überwiegenden Preissteigerungen überhöht aus.

4.2. *Fehlerfortpflanzung*

Der Benutzer wirtschaftsstatistischer Daten findet das (amtliche) statistische Datenmaterial selten in gebrauchsfertiger Form vor. Im Hinblick auf das jeweilige Untersuchungsziel sind vielfach Zusammenfassungen, Datentransformationen (wie die Berechnung von Wachstumsraten) und andere Umrechnungen erforderlich. Im Verlauf dieses Prozesses können sich mögliche Fehler im Ausgangsmaterial vergrößern oder verkleinern *(Fehlerfortpflanzung)*. Das Ausmaß der Fehlerfortpflanzung hängt ab von der Größe und der Richtung der Ausgangsfehler und von der benutzten Rechenart. Im folgenden werden unter Abstellung auf die Grundrechenarten Addition, Subtraktion, Multiplikation und Division die Auswirkungen des Rechnens mit fehlerbehafteten Zahlen aufgezeigt. Damit kann im Einzelfall relativ schnell entschieden werden, ob eine Fehlerreduktion erreicht werden kann.

A_F bezeichne die statistische (fehlerbehaftete) Messung einer Größe A und A_W die unbekannte („wahre") Größe A. Der (systematische) *absolute Fehler* (s_A) und der *relative Fehler* (a) können dann für die Größe A wie folgt definiert werden:

(1) $s_A = A_W - A_F$

(2) $a = s_A / A_F$

Aus (1) und (2) folgt: $A_W = A_F\ (1+a)$. Analog seien der absolute Fehler (s_B) und der relative Fehler (b) für eine Größe B definiert.

Werden die fehlerbehafteten Zahlen A_F und B_F addiert, subtrahiert, multipliziert oder dividiert, so ergeben sich die folgenden relativen (Gesamt-)Fehler.

Rechenart	Relativer (Gesamt-)Fehler
$A_F + B_F$	$(a \cdot A_F + b \cdot B_F) / (A_F + B_F)$
$A_F - B_F$	$(a \cdot A_F - b \cdot B_F) / (A_F - B_F)$
$A_F \cdot B_F$	$a + b + a \cdot b$
A_F / B_F	$(a-b) / (1+b)$

Übersicht 6: Relative Fehler

Bei der *Addition* fehlerbehafteter Zahlen ergibt sich der relative (Gesamt-)Fehler als gewichtetes arithmetisches Mittel der relativen (Einzel-)Fehler. Bei ungleichen Vorzeichen der relativen (Einzel-)Fehler wird eine deutliche Fehlerreduktion zu verzeichnen sein, bei gleichen (positiven oder negativen) Vorzeichen liegt der relative (Gesamt-)Fehler zwischen den relativen (Einzel-)Fehlern.

Liegen (wie etwa bei monatlich berechneten Indexzahlen) zwei fast gleich große Ausgangsgrößen vor, die beide positive oder negative (Einzel-)Fehler besitzen, so ist bei der *Subtraktion* dieser Zahlen (etwa bei der Berechnung erster Differenzen im Vormonats- oder Vorjahresmonatsvergleich) eine deutliche Vergrößerung der Ausgangsfehler festzustellen. Bei entgegengesetzten (ungleichen) Vorzeichen der relativen (Einzel-)Fehler liegt hier der relative (Gesamt-)Fehler noch höher.

Die *Multiplikation* zweier fehlerbehafteter Zahlen führt bei gleichgerichteten relativen (Einzel-)Fehlern, die etwa gleich groß sind, zu einer Verdoppelung der Ausgangsfehler. Bei gleich großen positiven und negativen relativen (Einzel-)Fehlern kann der relative (Gesamt-) Fehler sehr klein werden. Die Multiplikation einer fehlerbehafteten Zahl mit einer festen Zahl (definierter Multiplikator) ändert den relativen (Einzel-)Fehler nicht.

Bei der *Division* zweier fehlerbehafteter Zahlen mit gleichgerichteten (positiven oder negativen) relativen (Einzel-)Fehlern findet (wie etwa bei der Berechnung von Gliedzahlen aus monatlichen Indexzahlen) eine deutliche Reduzierung der Ausgangsfehler statt; bei zusätzlich gleich großen relativen (Einzel-)Fehlern wird kein relativer (Gesamt-)Fehler auftreten.

Beispiel
Gegeben sind zwei fehlerbehaftete Zahlen: $A_F = 140$ und $B_F = 130$.
(1) Die relativen Fehler sind a = –0,05 (–5 %) und b = 0,04 (4 %). Es ergeben sich die folgenden relativen (Gesamt-)Fehler bei der: Addition –0,7 %, Subtraktion –122 %, Multiplikation –1,2 % und Division –8,6 %.
(2) Die relativen Fehler sind a = 0,05 (5 %) und b = 0,04 (4 %). Es ergeben sich die folgenden relativen (Gesamt-)Fehler bei der: Addition 4,5 %, Subtraktion 18 %, Multiplikation 9,2 % und Division 1 %.
(Hinweis: es sind die in der Übersicht 6 dargestellten Formeln benutzt worden.)

Mit Hilfe der angeführten relativen (Gesamt-)Fehler für die vier Grundrechenarten können die relativen (Gesamt-)Fehler berechnet werden, die bei den üblichen Transformationen fehlerbehafteter Ausgangsdaten entstehen. So ergibt sich etwa bei der Berechnung von Wachstumsraten der folgende relative (Gesamt-)Fehler:

$$\frac{A_F}{A_F - B_F} \cdot \frac{a - b}{1 + b} \quad \text{mit} \quad W_{B_F, A_F} = \frac{A_F - B_F}{B_F} \cdot 100$$

Beispiel
Eine Preisindexzahl ist 1973 mit 118,8 und 1974 mit 127,1 berechnet worden. Die relativen Fehler seien für 1973 mit –0,02 (–2 %) und für 1974 mit –0,03 (–3 %) angenommen. Der relative (Gesamt-)Fehler beträgt bei der Berechnung:
(1) der Gliedzahl etwa –1 %,
(2) der ersten Differenz etwa –17 % und
(3) der Wachstumsrate etwa –16 %. Dabei ist die „falsche" Wachstumsrate etwa 7 % und die „wahre" Wachstumsrate etwa 5,9 %. Unterstellt man für die Ausgangsdaten einen relativen (Einzel-)Fehler von jeweils ± 0,01 (± 1 %), dann liegt die „wahre" Wachstumsrate zwischen 4,8 % und 9,2 %, d. h. der relative (Gesamt-)Fehler kann maximal ± 31 % betragen.

Literaturhinweise

Anderson, O.: Probleme der statistischen Methodenlehre in den Sozialwissenschaften, 5. Aufl., Würzburg 1965 (Kapitel IV: Statistische Fehler).
Esenwein-Rothe, I.: Ungenauigkeiten und Fehler in wirtschaftsstatistischen Daten, *in:* Statistische Hefte 1970, S. 166–193.
–: Genauigkeitsanspruch und Fehlertoleranz gegenüber den Größen aus Volkswirtschaftlichen

Gesamtrechnungen, *in:* Strukturwandel und makroökonomische Steuerung (Hrsg. *S. Klatt* und *M. Willms*), Berlin 1975, S. 99–117.

Kallmeyer, H.: Über Fehler, Fehlerausgleich und Fehlerfortpflanzung in der Sozialstatistik, *in:* Allgemeines Statistisches Archiv 1956, S. 19–37.

Kann, A.: Der Aussagewert von Makrogrößen in der Wirtschaftsstatistik (Ein Beitrag zur Methodik der Aggregation), Wiesbaden 1968.

Menges, G.: Zur Lehre von der Fehlerfortpflanzung, *in:* Die Statistik in der Wirtschaftsforschung (Hrsg. *H. Strecker* und *W. R. Bihn*), Berlin 1967, S. 363–382.

Morgenstern, O.: Über die Genauigkeit wirtschaftlicher Beobachtungen, 2. Aufl., Wien und Würzburg 1965.

Rinne, H.: Das Sozialprodukt, Unzulänglichkeiten des Konzepts und Ungenauigkeiten der Schätzung, Berliner Dissertation 1967.

–: Die Verläßlichkeit von Sozialproduktsdaten auf der Basis ihrer Revisionen (eine ökonometrische Studie, dargestellt am Beispiel der Bundesrepublik Deutschland), Meisenheim am Glan 1969.

Strecker, H.: Zur Genauigkeit wirtschaftsstatistischer Größen, *in:* Metrika 1963, S. 133–142.

B. Teilbereichsfragen

In diesem Kapitel werden überwiegend die laufenden Statistiken betrachtet, die wichtige Informationen über die kurzfristige wirtschaftliche Entwicklung (Konjunkturentwicklung) liefern. Dabei werden für die im Mittelpunkt des Interesses stehenden wirtschaftlichen Sachverhalte jeweils relevante amtliche Statistiken ausgewählt, wobei neben den Erhebungsmethoden auch wichtige empirische Ergebnisse vorgestellt werden.

1. Preisentwicklung

> Typengebundene Preisindizes für die Lebenshaltung
> Verfahren der Preisermittlung
> Lebenshaltungskosten
> „Preissteigerungsrate"
> Ausschaltung von Qualitätsänderungen
> Wirtschaftszweig- und Warengliederung

Als wichtiges wirtschaftspolitisches Ziel wird gewöhnlich die Preisstabilität bzw. die Preisniveaustabilität bezeichnet. In der Volkswirtschaftslehre definiert man das *Preisniveau* (einer Volkswirtschaft für eine ablaufende Periode) in der Regel als gewichtetes arithmetisches Mittel aller (in der abgelaufenen Periode) gezahlten Einzelpreise, wobei die Gewichtung an Hand der ökonomischen Bedeutung der gehandelten Güter, Dienstleistungen und Forderungen erfolgen soll. (Der *Geldwert* ist dann der reziproke Wert des Preisniveaus). Preisniveaustabilität oder Geldwertstabilität bedeutet nach dieser Definition (annähernde) Konstanz des angeführten gewichteten arithmetischen Mittels im Zeitablauf.

Eine derart umfassende Definition des Preisniveaus ist für den Wirtschaftsstatistiker und für den Wirtschaftspolitiker wenig operational. Einmal erscheint es praktisch nicht möglich, alle Faktor- und Produktpreise einer Volkswirtschaft statistisch zu erfassen, und zum anderen kann unter sozialpolitischen Gesichtspunkten kaum von einer erfolgreichen Politik der Preisniveaustabilität gesprochen werden, wenn bei „Preisniveaukonstanz" etwa Konsumpreissteigerungen durch sinkende Geldlöhne kompensiert werden.

Deshalb erscheint es für wirtschaftsstatistische (und wirtschaftspolitische) Zwecke angebracht zu sein, in *Teilbereichen* der Volkswirtschaft die Einzelpreisentwicklung repräsentativer („typischer") Waren und Dienstleistungen zu beobachten und zu geeigneten Größen (Preisindexzahlen) zusammenzufassen.

In diesem Abschnitt werden wichtige binnenländische Preisindizes betrachtet. Preisindizes für Außenhandelsgüter werden im Abschnitt „Außenhandelsentwicklung" angeführt, die im Rahmen der Sozialproduktberechnung erstellten Preisindizes im Abschnitt „Volkswirtschaftliche Gesamtrechnung für die Bundesrepublik Deutschland".

1.1. Preisindizes für die Lebenshaltung

In der konjunkturpolitischen Diskussion wird überwiegend auf die durch das Statistische Bundesamt erstellten Preisindizes für die Lebenshaltung als Indikatoren der Preisentwicklung (Preisniveauentwicklung) abgestellt. Damit werden Teilpreisniveaus (bzw. Teilpreisstände) für ausgewählte Verbrauchergruppen betrachtet. Die wichtigsten Unterschiede zwischen den zur Zeit monatlich berechneten fünf Preisindizes für die Lebenshaltung (Laspeyres-Verfahren; Basis: neu 1970, alt 1962) sind der Übersicht 7 zu entnehmen.

Bei der praktischen Berechnung der Preisindexzahlen sind zunächst für das Basisjahr die Gewichte festzulegen.

Bei den typengebundenen Preisindizes für die Lebenshaltung wird zur Bestimmung der Gewichte der zu erfassenden „typischen" Waren und Dienstleistungen auf die *laufenden Wirtschaftsrechnungen* ausgewählter privater Haushalte (vgl. S. 26) abgestellt. Diese Erhebungen zeichnen sich durch eine relativ tiefe Gliederung der Waren und Dienstleistungen aus, so daß nur in Einzelfällen Schätzungen zur Bestimmung der Gewichte erforderlich sind.

Zur Festlegung des Warenkorbes des Preisindex für die Lebenshaltung aller privaten Haushalte wird primär auf die Ergebnisse der *Einkommens- und Verbrauchsstichprobe* (vgl. S. 25) zurückgegriffen. Dabei machen sich insbesondere folgende Tatbestände nachteilig bemerkbar: einmal liegt im Rahmen von Einkommens- und Verbrauchsstichproben nur eine relativ grobe Gliederung der Güter und Dienstleistungen innerhalb der Lebenshaltung der privaten Haushalte vor, und zum anderen zeigte sich 1969, daß Einkommens- und Verbrauchsstichproben eine Tendenz zur Unterschätzung des Einkommens aufweisen.

Die Gewichtung des Preisindex für die einfache Lebenshaltung eines Kindes wird durch *Schätzungen* und Annahmen über den Mindestbedarf (zuletzt 1965) von Kindern im Alter vom 1. bis zum 18. Lebensjahr bestimmt, wobei überwiegend auf Angaben der Jugendfürsorge und der Jugendgerichtsbarkeit zurückgegriffen wird.

In der Übersicht 8 ist unter Abstellung auf 9 Ausgabenhauptgruppen die Gewichtung (zur alten Basis 1962 und zur neuen Basis 1970) der 4 wichtigsten Preisindizes für die Lebenshaltung dargestellt.

Die Übersicht 7 zeigt, daß bei der Neuberechnung der Preisindizes für die Lebenshaltung zur Basis 1970 die Zahl der erfaßten Waren und Dienstleistungen insbesondere beim Preisindex für die Lebenshaltung der mittleren Verbrauchsgruppe (Typ 2) gegenüber 1962 wesentlich erhöht wurde.

Der Haushaltstyp 2 wird in der Regel als „typischer" Haushalt angesehen, obwohl diesem Indexhaushalt in der Bundesrepublik Deutschland nur etwa 6 bis 7% der Haushalte entsprechen, wenn das Haushaltseinkommen betrachtet wird (und nur etwa 4%, wenn zusätzlich die Haus-

	Haushaltstypengebundene Preisindizes für die Lebenshaltung			Einfache Lebenshaltung eines Kindes	Lebenshaltung aller privaten Haushalte
	Typ 1	Typ 2	Typ 3		
Lebenshaltungsausgaben in DM pro Monat (1962) und 1970	(310) 532	(742) 1157	(1528) 1996	(90) –	(740) 1294
Erfaßte Zahl der Waren und Dienstleistungen (1962) und 1970	(448) 675	(521) 864	(798) 882	(284) –	(879) 899
Haushaltsstruktur	2-Personen-Haushalte von Renten- und Sozialhilfeempfängern (2 zumeist ältere Personen)	4-Personen-Arbeitnehmer-Haushalte mit mittlerem Einkommen des alleinverdienenden Haushaltsvorstandes	4-Personen-Haushalte von Angestellten und Beamten mit höherem Einkommen	Durchschnitt aller Altersklassen vom 1. bis 18. Lebensjahr	Fiktiver Haushalt gemäß dem Durchschnitt aller privaten Haushalte (2,7 Pers., 0,7 Kinder unter 18 Jahren)
Anwendungsbereiche	Verbraucherpreisentwicklung (Kaufkraftentwicklung) nach sozialer Schichtung, sozialpolitische „Modellhaushalte“			Festlegung der Mindestunterhaltsforderungen unehelicher Kinder	Durchschnittliche Verbraucherpreisentwicklung, EWG-Vergleich, berechnet seit 1969
	Existenzminimum	Tarifverhandlungen, (konventioneller) Maßstab der „Preisniveauentwicklung“			

Übersicht 7: Preisindizes für die Lebenshaltung

Ausgabenhauptgruppen	Alle priv. Haushalte		Haushaltstyp 1		Haushaltstyp 2		Haushaltstyp 3	
	1962	1970	1962	1970	1962	1970	1962	1970
	Gewichtung bzw. Ausgabenanteile in %							
1. Nahrungs- und Genußmittel	39,9	33,3	52,8	43,8	44,0	36,8	30,6	26,7
2. Kleidung, Schuhe	12,0	10,1	7,2	7,0	12,0	10,2	10,7	10,0
3. Wohnungsmiete	11,0	12,6	14,1	19,9	9,3	14,6	10,7	13,1
4. Elektrizität , Gas, Brennstoffe	4,1	4,6	7,5	7,5	4,6	4,4	3,8	3,5
5. Übrige Waren und Dienstleistungen für die Haushaltsführung	11,7	11,4	8,3	8,0	11,0	8,5	10,7	9,7
Waren und Dienstleistungen für								
6. Verkehrszwecke, Nachrichtenübermittlung	7,8	10,5	2,3	3,8	6,2	10,2	16,3	14,2
7. Körper- und Gesundheitspflege	3,4	4,0	2,9	3,5	3,1	3,4	4,7	6,1
8. Bildungs- und Unterhaltungszwecke	6,4	6,1	3,6	4,3	6,3	6,9	7,5	7,9
9. Persönliche Ausstattung; sonst. Waren und Dienstleistungen	3,7	7,4	1,3	2,2	3,5	5,0	5,0	8,8

Übersicht 8: Gewichtung ausgewählter Preisindizes für die Lebenshaltung

haltsstruktur betrachtet wird). Gleichwohl wird dieser Haushaltstyp als Standardmodell insbesondere bei sozialpolitischen Erörterungen angesehen.

Die wichtigsten Positionen, die 1970 neu oder zusätzlich aufgenommen wurden, sind den folgenden Bereichen zuzuordnen: zunehmende Motorisierung, steigende Zahl der Urlaubsreisen und wachsende Ausstattung der privaten Haushalte mit langlebigen Gebrauchsgütern für die Haushaltsführung und für Unterhaltungszwecke.

Die Übersicht 8 läßt die Veränderung der Gewichte (Ausgabenanteile) zwischen 1962 und 1970 bei den Ausgabenhauptgruppen deutlich werden. Für die mittlere Verbrauchsgruppe ergibt sich 1970 eine stärkere Gewichtung der folgenden Gruppen: Waren und Dienstleistungen für Verkehrszwecke und Nachrichtenübermittlung (Urlaubsreisen, ansteigende Motorisierung), Wohnungsmiete (starke Mietpreissteigerungen nach 1962) und persönliche Ausstattung, sonstige Waren und Dienstleistungen (Gebrauchsgüter). Demgegenüber haben die Gewichtsanteile der folgenden Gruppen abgenommen: Nahrungs- und Genußmittel, Kleidung und Schuhe sowie übrige Waren und Dienstleistungen für die Haushaltsführung (Möbel, Verbrauchsgüter u. ä.).

Die Preiserhebung für die in den Warenkörben berücksichtigten über 900 Waren und Dienstleistungen wird überwiegend durch die Statistischen Ämter der Gemeinden monatlich bei ausgewählten („typischen") Berichtsstellen (Einzelhandelsgeschäften, Warenhäusern, Handwerksbetrieben u. ä.) durchgeführt. Dabei werden entsprechend der Streuung der Preise 4 Erhebungskreise gebildet.

In einem Erhebungskreis Z erfaßt das Statistische Bundesamt zentral alle bundeseinheitlichen Preise (Bundesbahn-, Bundesposttarife u. ä.). Die Preise für Waren und Dienstleistungen, die in der Vergangenheit eine relativ geringe Streuung aufwiesen, werden in 22 Großstädten erfragt (Erhebungskreis K). Die Preise für Waren und Dienstleistungen, für die in kleinen Gemeinden nur ein relativ geringes Angebot besteht, werden in 82 Gemeinden mit jeweils über 20.000 Einwohnern notiert (Erhebungskreis G) und die Preise für die restlichen Waren und Dienstleistungen (Erhebungskreis A) in insgesamt 117 ausgewählten Orten der Bundesrepublik Deutschland.

Im Rahmen der praktischen Preisermittlung schreibt das Statistische Bundesamt den Statistischen Ämtern der Gemeinden vor, daß (in Städten mit über 100.000 Einwohnern je Position mindestens 8) *„typische" Berichtsstellen* auszuwählen sind. Angesichts der Personal- und Kostensituation der Gemeinden (die Erhebungskosten sind überwiegend von den Gemeinden zu tragen) kann davon ausgegangen werden, daß bei einer Vielzahl von Vertriebswegen und bei starken Preisdifferenzierungen eine „typische" Auswahl nur schwer realisierbar ist.

Ein weiteres Problem ergibt sich aus den *Waren- und Dienstleistungsbeschreibungen* des Statistischen Bundesamtes. In den Warenkörben der typengebundenen Preisindizes für die Lebenshaltung erscheinen 1970 etwa die folgenden Positionen: Weißwein (inländisch), Personenkraftwagen ab 1.500 ccm, Fernsehempfänger (Tischgerät schwarz/weiß), Arzthonorar für eine Blinddarmoperation. Es wird deutlich, daß diese Beschreibungen für die Preisermittler der Gemeinden einen weiten Interpretationsspielraum bei der Bestimmung „typischer" Waren und Dienstleistungen im Hinblick auf die Sorten und Qualitäten zuläßt. Erschwerend kommt hinzu, daß bei dem angestrebten Preisvergleich von gleichen Mengen, Qualitäten und Lieferbedingungen je Position im Zeitablauf auszugehen ist.

Die Preisermittler der Gemeinden sind dazu angehalten, erkannte *Qualitätsänderungen* (Verbesserungen oder Verschlechterungen, Sorten-, Typen- oder Handelsklassenänderungen) größeren Ausmaßes auszuschalten. Dabei soll im Einzelfall auf die sich für den Durchschnittsverbraucher abzeichnende Nutzwertänderung abgestellt werden. Das praktisch benutzte Verfahren, (das zu erheblichen systematischen Fehlern führen kann) Qualitätsänderungen auszuschalten, besteht darin, auf andere handelsübliche Ausführungen überzugehen und die unterschiedlichen Preisangaben zu verbinden.

Je Bundesland werden auf Grund der Preismeldungen für die einzelnen Preisindizes zunächst Landesmeßzahlen berechnet, die durch das Statistische Bundesamt bei der Zusammenfassung zu Bundesmeßzahlen (bzw. Indexzahlen) mit den Anteilen der jeweiligen Landesbevölkerung im Basisjahr gewichtet werden.

In der Übersicht 9 sind ausgewählte empirische Ergebnisse (jährliche Monatsdurchschnitte) der Preisindizes für die Lebenshaltung zusammengestellt.

Beispiel

Die „Preissteigerungsrate" 1972 (Wachstumsrate) beträgt für die Lebenshaltung (insgesamt) der mittleren Verbrauchsgruppe 5,8 % (Index zur Basis 1962) und 5,3 % (Index zur Basis 1970). Der relative Fehler („wahrer" Wert: 5,3 %) beträgt etwa −8,6 %.

Dieses Ergebnis entspricht der Erwartung, daß Preisindizes nach Laspeyres bei weit zurückliegendem Basisjahr (bei überwiegenden Preissteigerungen) die Preisentwicklung überzeich-

	Lebenshaltung insgesamt		Nahrungs- und Genußmittel		Wohnungsmiete		Verkehrszwecke u. Nachrichten	
	Basis		Basis		Basis		Basis	
	1962	1970	1962	1970	1962	1970	1962	1970
Alle privaten Haushalte								
1969	119,5	96,7	114,1	97,7	156,6	95,8	115,3	97,1
1970	124,0	100,0	117,4	100,0	163,4	100,0	118,1	100,0
1971	130,4	105,3	121,8	103,8	173,1	106,1	125,4	106,7
1972	137,9	111,1	129,3	109,7	183,1	112,5	133,3	114,0
1973	–	118,8	–	118,0	–	119,2	–	122,6
Haushaltstyp 1 (untere Verbrauchsgruppe)								
1969	122,5	96,8	113,7	97,8	163,4	96,0	127,1	99,2
1970	127,2	100,0	117,0	100,0	170,3	100,0	127,8	100,0
1971	133,7	104,7	121,7	103,5	180,9	106,0	137,0	108,3
1972	142,0	110,6	129,4	109,5	190,6	112,0	148,6	116,4
1973	–	118,5	–	117,7	–	118,8	–	130,7
Haushaltstyp 2 (mittlere Verbrauchsgruppe)								
1969	119,3	96,9	114,2	97,6	161,9	96,2	116,9	97,3
1970	123,7	100,0	117,4	100,0	168,5	100,0	119,9	100,0
1971	130,4	105,1	122,6	103,8	178,5	105,8	128,2	106,3
1972	137,9	110,7	130,2	109,7	187,9	112,0	137,1	112,9
1973	–	118,2	–	117,7	–	119,4	–	120,6
Haushaltstyp 3 (obere Verbrauchsgruppe)								
1969	118,4	96,8	112,3	97,8	153,0	96,1	110,0	97,1
1970	122,9	100,0	114,8	100,0	159,4	100,0	113,9	100,0
1971	129,6	105,4	119,4	104,1	168,5	105,8	120,6	106,5
1972	136,8	111,1	126,5	110,0	178,3	112,2	126,7	113,8
1973	–	118,7	–	117,7	–	119,6	–	121,9

Übersicht 9: Ausgewählte empirische Ergebnisse der Preisindizes für die Lebenshaltung

nen und der Überlegung, daß bei einem umfangreicheren Warenkorb geringere Preissteigerungen zu erwarten sind. Es fällt jedoch die geringe Differenz zwischen den beiden Preissteigerungsraten auf. Eine Erklärung für diesen Tatbestand kann u. a. darin gesehen werden, daß bei der Neuberechnung des Preisindex für die Lebenshaltung der mittleren Verbrauchsgruppe 1970 das Gewicht der Ausgabenhauptgruppe Nahrungs- und Genußmittel (bei gleichzeitiger unterproportionaler Preissteigerung in dieser Gruppe) gegenüber 1962 gesunken ist, während der Ausgabenhauptgruppe Waren und Dienstleistungen für Verkehrszwecke und Nachrichtenübermittlung ein größeres Gewicht zukommt bei gleichzeitig starker Erhöhung wichtiger Preise in diesem Bereich (etwa Kfz-Haftpflichtprämien, Benzin).

Beispiel
Die „Preissteigerungsrate" (Preisindexzahlen zur Basis 1962) beträgt 1972 für die mittlere Verbrauchsgruppe 5,8% und für die untere Verbrauchsgruppe 6,2%. Geht man von der Basis 1970 aus, so errechnet sich die „Preissteigerungsrate" zu 5,3% bzw. 5,6%.

Diese Zahlen zeigen beispielhaft, daß untere Verbrauchsgruppen von Preissteigerungen stärker betroffen werden als mittlere (oder höhere) Verbrauchsgruppen.

Nach der Neuberechnung der Preisindizes für die Lebenshaltung 1970 zeigt sich, daß einmal weniger starke Unterschiede der Preisentwicklung in bezug auf die soziale Schichtung der Haushalte auftreten (dies kann zum Teil auf das aktuellere Basisjahr und die umfangreicheren Warenkörbe zurückgeführt werden), und daß sich zum anderen unterschiedliche Preisentwicklungen für einzelne Ausgabengruppenindizes (hier: Waren und Dienstleistungen für Verkehrszwecke und Nachrichtenübermittlung) abzeichnen. Dieses Ergebnis kann dadurch erklärt werden, daß die Verbraucher bei starken Einzelpreissteigerungen nicht in jedem Fall auf Substitutionsgüter, deren Preise weniger stark gestiegen oder gesunken sind, ausweichen können (etwa Benzin) oder wollen (etwa Urlaubsreisen).

Zusammenfassend ist festzustellen, daß bei der Benutzung der amtlichen Preisindizes für die Lebenshaltung insbesondere die folgenden Punkte zu beachten sind:

1. Preisindizes für die Lebenshaltung geben die konjunkturbedingten Preisschwankungen nur abgeschwächt wieder. Dies zeigt sich empirisch daran, daß die Verbraucherpreise im Durchschnitt (den Erzeugerpreisen industrieller Produkte tendenziell nachlaufen und) weniger starke Schwankungen in den Wachstumsraten als die Erzeugerpreise industrieller Produkte aufweisen.
2. Preisindizes für die Lebenshaltung werden nach dem Laspeyres-Verfahren berechnet. Da zusätzlich ungelöste Probleme bei der praktischen Ausschaltung von Qualitätsveränderungen (insbesondere Qualitätsverbesserungen) bestehen, kann davon ausgegangen werden, daß bei steigenden Preisen das Ausmaß der Verbraucherpreissteigerungen (mit zunehmender Entfernung vom Basisjahr stärker) überzeichnet wird.
3. Preisindizes für die Lebenshaltung lassen keine Aussagen über die Entwicklung der Lebenshaltungskosten zu. Auf der Grundlage der festgeschriebenen Verbrauchsstruktur eines Basisjahres wird lediglich die Veränderung „typischer" Preise betrachtet. Die Entwicklung der Lebenshaltungskosten kann adäquat durch die Konstruktion von Wertindexzahlen beschrieben werden.
4. Neben den angeführten Preisindizes für die Lebenshaltung stehen zur Beobachtung der Verbraucherpreisentwicklung neben Einzelpreisangaben (mit den regionalen Streuungen) insbesondere die Indizes der Einzelhandelspreise zur Verfügung. Indizes der Einzelhandelspreise erfassen die Preisentwicklung von Waren, die im Einzelhandel verkauft werden (dies sind im Preisindex für die Lebenshaltung der mittleren Verbrauchsgruppe etwa 75 % der erfaßten Waren).

1.2. Indizes der Erzeugerpreise industrieller Produkte

Die vom Statistischen Bundesamt (monatlich nach dem Laspeyres-Verfahren) berechneten Indizes der Erzeugerpreise industrieller Produkte (neue Basis 1970) stellen wichtige konjunkturelle Indikatoren der Preisentwicklung im Bereich des *Inlandsabsatzes* industrieller Produkte dar.

Dabei werden einerseits nicht alle von der Industrie abgesetzten Güter betrachtet (so fehlt etwa die von der Industrie abgesetzte Handelsware), andererseits werden aber alle Verkäufe von industriellen Vor-, Zwischen- und Fertigerzeugnissen berücksichtigt.

Die bei Preisindexzahlen nach Laspeyres auftretenden Grundprobleme der Basisjahr-Gewichtung und der laufenden Preisermittlung sind wie folgt gelöst:

Die im Warenkorb zu erfassenden „typischen" Produkte (Preisrepräsentanten) werden unter Mitarbeit von Wirtschafts- und Fachverbänden nach den folgenden Kriterien ausgewählt: auf das jeweilige Industrieprodukt soll ein relativ großer Umsatzanteil entfallen, es soll im Preisverlauf auch für nichterfaßte Industrieprodukte repräsentativ sein und eine in bezug auf Qualität und Umsatz „relative Beständigkeit" aufweisen (bei der Neuberechnung 1970 wurden so etwa 13.000 Preisreihen mit einem Umsatzanteil von 34,3 Mill. DM je Preisreihe ausgewählt).

Bei den laufenden (monatlichen) *Preismeldungen* wird auf umsatzstarke und „typische" industrielle Erzeugerfirmen abgestellt, denen im Rahmen einer kurzen Warenbeschreibung die Auswahl „typischer" Produkte überlassen wird. Es sind die effektiven Nettoverkaufspreise (nach Abzug der Rabatte und ohne Mehrwertsteuer) im Zeitpunkt des Vertragsabschlusses (Berichtsmonat) zu melden.

Die *Gewichtung* erfolgt über den Inlandsumsatz nach der Industrieberichterstattung (vgl. S. 22), die *Gliederung* nach dem systematischen Warenverzeichnis für die Industriestatistik (Beteiligtenkonzept).

Bei der Benutzung der Indizes der Erzeugerpreise industrieller Produkte (vgl. auch S. 26) sind zusätzlich die folgenden Punkte zu beachten:

1. Neben den Indizes der Erzeugerpreise industrieller Produkte (Teilindizes) für die zur Zeit 36 *Warengruppen* des systematischen Warenverzeichnisses für die Industriestatistik (vgl. S.16) werden Preisindizes für die Hauptgruppen der Verarbeitenden Industrie berechnet (vgl. S. 17: Grundstoff- und Produktionsgüterindustrien, Investitionsgüterindustrien, Verbrauchsgüterindustrien und Nahrungs- und Genußmittelindustrien). Wegen fehlender statistischer Unterlagen erfolgt die Bildung dieser Indexzahlen auf der Basis der Warengruppen, wodurch relativ inhomogene Aggregate gebildet werden.
2. Neben den angeführten Indexzahlen werden (u. a. um Vergleiche mit dem Index der industriellen Bruttoproduktion zu ermöglichen) zusätzlich 2 Preisindexzahlen zur Verfügung gestellt: Index der Erzeugerpreise für Investitionsgüter und für Verbrauchsgüter. In diesem Fall erfolgt die Zusammenfassung der Teilergebnisse auf der Basis der Warenarten (vgl. S. 17).
3. Es kann davon ausgegangen werden, daß dem (ungelösten) Problem der Ausschaltung von Qualitätsveränderungen in der Erzeugerpreisstatistik eine größere Bedeutung zukommt als in der Verbraucherpreisstatistik.
4. Zur Bildung „langer" Reihen (hier: Verbindung der Ergebnisse Basis 1970 und 1962) wird (wegen Einführung der Mehrwertsteuer zum 1. Januar 1968) auf den Umbasierungsfaktor [Januar 1968 (Basis 1970) / Dezember 1967 (Basis 1962)] abgestellt, da vor der Einführung der Mehrwertsteuer die Erzeugerpreise einschließlich Umsatzsteuer zu melden waren.

In der Übersicht 10 sind ausgewählte empirische Ergebnisse für die Indizes der Erzeugerpreise industrieller Produkte (Basis 1970) zusammengestellt.

	Gewichtung	Indexstand		
		1971	1972	1973
Industrieerzeugnisse insgesamt	100,0	104,3	107,0	114,1
Erzeugnisse der				
= Grundstoff- und Produktionsgüterindustrien	27,6	102,5	102,5	111,5
= Investitionsgüterindustrien	31,2	106,2	109,1	113,7
= Verbrauchsgüterindustrien	18,3	103,9	107,5	115,5
= Nahrungs- und Genußmittelindustrien	14,6	103,6	107,7	116,7
Elektrischer Strom, Gas u. Wasser	6,3	103,3	110,3	115,1
Bergbauliche Erzeugnisse	2,0	110,7	117,0	123,1
Investitionsgüter	–	107,9	111,9	117,0
Verbrauchsgüter	–	104,7	108,4	116,7

Übersicht 10: Index der Erzeugerpreise industrieller Produkte (ausgewählte empirische Ergebnisse)

Literaturhinweise

Bartels, H.: Methoden und Probleme der Geldwertmessung, *in*: Der Volks- und Betriebswirt 1975, S. 67-73.

Deneffe, P.: Das Problem der Berücksichtigung qualitativer Veränderungen im Rahmen der Preisstatistik, *in*: Allgemeines Statistisches Archiv 1958, S. 346-352.

–: Zum Preisbegriff und zur Methodik der Preisstatistik, *in*: *A. Blind* (Hrsg.): Umrisse einer Wirtschaftsstatistik, Hamburg 1966, S. 181-189.

Fürst, G.: Zur Aussagekraft von Preisindexziffern für die Lebenshaltung, *in*: Wirtschaft und Statistik 1960, S. 5-8.

Gralla, D.: Der Index der Erzeugerpreise industrieller Produkte auf Basis 1970, *in*: Wirtschaft und Statistik 1974, S. 543-547.

Guckes, S.: Sonderrechnungen zum Preisindex für die Lebenshaltung und zur Statistik der Verbraucherpreise, *in*: Wirtschaft und Statistik 1964, S. 77-82.

Gunzert, R.: Aus der Praxis der Verbraucherpreiserhebungen, *in*: Allgemeines Statistisches Archiv 1971, S. 54-63.

Horstmann, K. (und Mitarbeiter): Qualitätsänderungen und Preisindizes, *in*: Wirtschaft und Statistik 1963, S. 594-599.

Keller, J.: Zur Praxis des zeitlichen Vergleichs bei der Ermittlung von Preisreihen, *in*: Wirtschaft und Statistik 1961, S. 622-624.

Meerwarth, R.: Nationalökonomie und Statistik (Eine Einführung in die empirische Nationalökonomie), Leipzig und Berlin 1925, Kapitel V: Preise und Preisindexzahlen, S. 396-444.

Neubauer, W.: Über die Konstruktion, den Sinn und den Zweck von Preisindexzahlen, *in*: *A. Blind* (Hrsg.): Umrisse einer Wirtschaftsstatistik, Hamburg 1966, S. 190-215.

Rasch, H. G.: Die Preisindizes für die Lebenshaltung auf Basis 1970, *in*: Wirtschaft und Statistik 1973, S. 693-697. Dazu: Die Wägungsschemata der neuen Preisindizes für die Lebenshaltung auf Basis 1970, *in*: Wirtschaft und Statistik 1973, S. 723*-735*.

2. Nachfrageentwicklung

Wirtschaftlicher Umsatz
Auftragseingang
Anteil des Auftragseingangs am Umsatz
Auftragsbestand
Industrielle Exportquote

Der volkswirtschaftliche Begriff der Nachfrage umfaßt für einzelne (oder eine Gruppe von) Waren, Dienstleistungen oder Forderungen die (eventuell bewertete) Menge, die bei gegebenen oder erwarteten Preisen „verlangt" oder gekauft wird. In diesem Zusammenhang können auch geplante (potentielle) und effektive Nachfrage unterschieden werden.

2.1. Umsatz

Definiert man den Begriff der Nachfrage als effektive (oder befriedigte) Nachfrage nach Waren und Dienstleistungen, dann kann zur Quantifizierung auf die Umsatzangaben in einer Vielzahl von (amtlichen) Statistiken zurückgegriffen werden.

So werden etwa Umsatzzahlen (mit teilweise unterschiedlicher Definition des Umsatzes) in den folgenden Statistiken (vgl. S. 20ff.) erhoben: Kostenstrukturstatistik, Zensus im Warenproduzierenden Gewerbe, monatlicher Industriebericht, Industriebericht für Kleinbetriebe, jährliche Unternehmenserhebung in der Verarbeitenden Industrie und in der Groß- und Einzelhandelsstatistik.

Im Rahmen des monatlichen Industrieberichts (vgl. S. 22) beziehen sich die Umsatzangaben für die Verarbeitende Industrie und den Bergbau grundsätzlich auf den Wert der umgesetzten *eigenen Erzeugnisse* (wirtschaftlicher Umsatz).

Durch diese Beschränkung auf den Umsatz an eigenen Erzeugnissen wird jedoch nicht die gesamte wirtschaftliche Leistung der Industriebetriebe betrachtet. So werden etwa die Umsätze in Handelsware und die Umsätze aus dem Verkauf von Anlagegütern, von Energie u. ä. vernachlässigt.

Bei der Festlegung des Umsatzwertes ist von den *Rechnungswerten* ohne Mehrwertsteuer auszugehen. Das bedeutet, daß in den gemeldeten Umsatzwerten insbesondere die Kosten für Porto, Fracht und Verpackung sowie eventuelle Verbrauchssteuern enthalten sind. Damit wird nicht auf den tatsächlichen Zahlungseingang abgestellt.

Firmeninterne Lieferungen an andere Betriebe des gleichen Unternehmens zählen nicht zum (wirtschaftlichen) Umsatz. Im Zuge von Konzentrationsvorgängen (Unternehmenszusammenschlüssen) wird somit im monatlichen Industriebericht der ausgewiesene Umsatz (zunehmend) als systematisch untererfaßt anzusehen sein.

Der wirtschaftliche Umsatz ist im Rahmen des monatlichen Industrieberichts in Auslands- und Inlandsumsatz aufzuteilen.

Der Inlandsumsatz bezieht sich überwiegend auf den wirtschaftlichen Umsatz mit Käufern in der Bundesrepublik Deutschland, in der Deutschen Demokratischen Republik und in Berlin (Ost), während der Auslandsumsatz grundsätzlich den wirtschaftlichen Umsatz mit den sonstigen Abnehmern (im Ausland oder mit deutschen Direktexporteuren) umfaßt.

Die Aufbereitung der Umsatzzahlen erfolgt nach dem Beteiligtenkonzept und zusätzlich nach dem Hauptbeteiligtenkonzept (vgl. S. 17).

In der Übersicht 11 sind ausgewählte empirische Ergebnisse für den Inlands- und Auslandsumsatz zusammengefaßt (Jahreswerte in Mrd. DM, für die betrachteten Industriegruppen gegliedert nach dem Hauptbeteiligtenkonzept).

	Inlandsumsatz			Auslandsumsatz		
	1971	1972	1973	1971	1972	1973
Bergbau	9,5	9,7	10,4	2,6	2,5	2,8
Grundstoff- und Produktionsgüterindustrien	128,1	133,2	150,6	31,2	33,7	41,3
Investitionsgüterindustrien	157,2	163,6	176,7	63,8	69,7	82,0
Verbrauchsgüterindustrien	87,7	95,4	103,6	10,2	11,1	14,0
Nahrungs- und Genußmittelindustrien	70,5	74,7	82,5	2,1	2,4	3,1
Verarbeitende Industrie und Bergbau	453,0	476,6	523,8	109,9	119,4	143,2

Übersicht 11: Ausgewählte empirische Ergebnisse des Inlands- und Auslandsumsatzes

Beispiel
Mit den Angaben in der Übersicht 11 berechnet sich die *industrielle Exportquote* [(Auslandsumsatz/Gesamtumsatz)·100] für 1973 zu 17,9%.

Beispiel
In der Umsatzsteuerstatistik wird von dem Begriff des „steuerbaren" Umsatzes ausgegangen, der über den wirtschaftlichen Umsatz hinaus einmal den Eigenverbrauch und zum anderen den Wert der sonstigen Lieferungen und Leistungen umfaßt. Der steuerbare Umsatz bezieht sich in der Regel auf Unternehmen mit einem Jahresumsatz von mehr als 12.000 DM. Nach der Umsatzsteuerstatistik betrug der steuerbare Umsatz 1972 in der Verarbeitenden Industrie (einschließlich Bergbau) 570,0 Mrd. DM. Nach der Übersicht 11 beträgt der wirtschaftliche Umsatz in diesem Bereich 1972 596,0 Mrd. DM. Unter Abstellung auf den steuerbaren Umsatz ergibt sich damit eine Untererfassung von etwa 4,6%.

2.2. Indizes des Auftragseingangs

In der seit Ende 1949 (monatlich) durchgeführten Statistik über den Auftragseingang in der Industrie wird angenommen, daß die „Nachfrage" nach industriellen Erzeugnissen durch den Auftragseingang in der Industrie statistisch beschrieben werden kann. Die entsprechenden Angaben werden in der Regel im Rahmen des monatlichen Industrieberichts (mit zusätzlichen Inlands- und Auslandsumsatzdaten) erhoben (vgl. S. 22).

Die ***Auftragseingänge*** **für einen abgelaufenen Kalendermonat sind definiert als der Wert der vom berichtenden Industriebetrieb fest akzeptierten Bestellungen (Aufträge zur Lieferung von eigenen Erzeugnissen) von anderen Firmen oder sonstigen Kunden (gemäß der Auftragsbestätigung). Wo Verkäufe ab Lager branchenüblich sind, sollen diese als Auftragseingänge gemeldet werden. (Unternehmensinterne) Bestellungen sollen nicht erfaßt werden.**

Liegen Auftragserhöhungen bzw. Auftragsverkürzungen oder Stornierungen vor, so ist (seit 1958) der Unterschied als Auftragseingang bzw. ***Annullierung*** **zu melden.**

Bei der Bewertung der Auftragseingänge ist vom Wertansatz in den Auftragsbestätigungen auszugehen (ab Januar 1968 „netto", d.h. ohne Mehrwertsteuer), wobei eventuell gewährte Rabatte abzuziehen sind. Bei den Auftragsannullierungen ist der Wert zum Zeitpunkt der Annullierung anzugeben.

Zusätzlich zu den Auftragseingängen (insgesamt) sind die Auslandsauftragseingänge (Bestellungen ausländischer Kunden oder inländischer Direktexporteure) zu melden.

Bei der Aufbereitung der Ergebnisse werden die Umsatz- und Auftragseingangswerte der meldenden Industriebetriebe vom Berichtskreis der Auftragseingangsstatistik (überwiegend Industriebetriebe mit 25 und mehr Beschäftigten) in der Regel über den Vormonatswert des Umsatzes auf den Berichtskreis des monatlichen Industrieberichts (Industriebetriebe mit 10 und mehr Beschäftigten) „hochgerechnet".

Beispiel

Der vorläufige [vAE(i,j)] und der endgültige [eAE(i,j)] Wert des Auftragseingangs für einen Monat i und einen Industriezweig j werden wie folgt berechnet (angenommene Zahlenwerte):

1. **Aus der Auftragseingangsstatistik liegen vor: die vorläufigen und die endgültigen (einschließlich Nachmeldungen und Korrekturen) Auftragseingangsmeldungen [$v\alpha$ (i,j) = 1,2 Mill. DM und $e\alpha$ (i,j) = 1,5 Mill. DM], der vorläufige Umsatz des Vormonats [$v\beta$ (i−1,j) = 2,0 Mill. DM] und der endgültige Umsatz des Berichtsmonats [$e\beta$ (i,j) = 1,8 Mill. DM].**
2. **Aus dem monatlichen Industriebericht liegen vor: der endgültige Umsatz des Vormonats [u (i−1,j) = 2,5 Mill. DM] und des Berichtsmonats [u (i,j) = 2,7 Mill. DM].**
   Es gilt:
   $vAE(i,j) = v\alpha(i,j) \cdot [u(i-1,j)/v\beta(i-1,j)] = 1{,}5$ **Mill. DM.**
   $eAE(i,j) = e\alpha(i,j) \cdot [u(i,j)/e\beta(i,j)] = 2{,}25$ **Mill. DM.**

Zusätzlich erfolgt eine Preisbereinigung der jeweiligen Inlandswerte mit Hilfe entsprechender Indizes der Erzeugerpreise industrieller Produkte und der Auslandswerte mit Hilfe der Indizes der Ausfuhrpreise (vgl. Abschnitt B 7.).

Bei der Veröffentlichung der Ergebnisse werden für ausgewählte Industriezweige der Grundstoff- und Produktionsgüterindustrien, der Investitionsgüterindustrien und der Verbrauchsgüterindustrien die folgenden Größen (Indexzahlen Basis 1970) zur Verfügung gestellt:

1. Wertindizes des Auftragseingangs (insgesamt, Inland, Ausland),
2. Volumenindizes des Auftragseingangs (Mengenindexzahlen nach Laspeyres; insgesamt, Inland, Ausland),
3. Umsatzvolumen und
4. Anteil des Auftragseingangs am Umsatz in Prozent (insgesamt, Inland, Ausland).

Bei den Indexzahlen erfolgt die Gewichtung über die Umsatz- bzw. Auftragseingangsanteile im Basisjahr. Dabei wird das Verfahren der *Repräsentativgewichtung* benutzt, d. h. bei der Bildung von Industriegruppen bzw. Industriehauptgruppen wird jeweils das Gesamtgewicht (einschließlich der nicht erfaßten Zweige bzw. Gruppen) zugrundegelegt.

Bei der Benutzung der Auftragseingangsindizes als konjunkturelle Frühindikatoren der Entwicklung von Produktion und Beschäftigung sind u. a. die folgenden Punkte zu beachten:

1. Durch die Nichterfassung der nichtakzeptierten Bestellungen (etwa wegen Kapazitätsauslastung des Berichtsbetriebes) kann in konjunkturellen Aufschwungphasen die „Nachfrageentwicklung“ unterzeichnet werden. In diesem Zusammenhang ist jedoch zu bedenken, daß Auftragseingänge „vorsorglich“ überhöht oder gleiche Bestellungen bei mehreren Betrieben („Luftaufträge“) erfolgt sein können.
2. Es ist zweifelhaft, ob Direktverkäufe ab Lager durch die Berichtsbetriebe bei den Auftragseingangsmeldungen und Auftragsannullierungen immer gemeldet werden. Bei den Annullierungen stellt sich zusätzlich das Problem der periodengerechten Abgrenzung.
3. Bei der Analyse der Nachfrageentwicklung im industriellen Bereich sind neben den Auftragseingängen und den Annullierungen im Berichtsmonat die Auftrags- und Lagerbestände am Anfang und am Ende des Berichtsmonats zu berücksichtigen.
4. Bei der Deflationierung der Auftragseingangs- und Umsatzwerte durch Indizes der Erzeugerpreise industrieller Produkte bzw. durch Indizes der Ausfuhrpreise ist (insbesondere in der kurzfristigen Betrachtung) zu beachten, daß die jeweiligen Größen unterschiedlichen Perioden entstammen.
5. Die Relation (Beziehungszahl) Anteil des Auftragseingangs am Umsatz kann nur mit Einschränkungen als Maß für die Intensität der Nachfrage oder für Auftragsbestandsveränderungen angesehen werden. Einmal beziehen sich Auftragseingang und Umsatz eines Betriebes oft auf verschiedene Perioden, und zum anderen werden Auftragsbestände und Lagerbestände u. a. durch Änderungen der Preise oder der Lieferfristen beeinflußt. In konjunkturellen Aufschwungphasen ist eine Unterzeichnung der Nachfrageintensität zu erwarten (geringe Lagerbestände, hohe Auftragsbestände und hohe Zahl der nichtakzeptierten Bestellungen).
6. Der Repräsentationsgrad der Auftragseingangsstatistik (gemessen am Jahresumsatz 1974 von Industriebetrieben mit 10 und mehr Beschäftigten) ist mit 82,2% für die Verarbeitende Industrie (ohne Nahrungs- und Genußmittelindustrien) relativ gering. Der Repräsentationsgrad in den Grundstoff- und Produktionsgüterindustrien beträgt etwa 71,6%.
7. Die monatlichen (vorläufigen) Ergebnisse der Auftragseingangsstatistik sind insbesondere in den Monaten Dezember bis Februar stark fehlerbehaftet. Diese Tatsache ist u. a. (neben fehlenden Meldungen zum Berichtstermin) durch das Verfahren der „Hochrechnung“ der Ergebnisse der Auftragseingangsstatistik auf den Berichtskreis des monatlichen Industrieberichts zu erklären.

2.3. *Indizes des Auftragsbestands*

Zur Ergänzung der Auftragseingangsstatistik führt das Statistische Bundesamt seit Januar 1970 bei (höchstens) 2.000 *Unternehmen* in 12 ausgewählten Industriezweigen, die über hohe wertmäßige Auftragsbestände verfügen oder primär auf Bestellung produzieren, eine monatliche Erhebung der Auftragsbestände durch. Die jeweiligen Ergebnisse werden in Form von Wertindexzahlen (Basis 1970) veröffentlicht.

Damit wird ein zusätzlicher kurzfristiger Konjunkturindikator zur Verfügung gestellt, der primär über die Höhe der noch nicht ausgeführten Bestellungen und damit indirekt über die Kapazitätsauslastung der berichtenden Industrieunternehmen informiert.

Der *Auftragsbestand* ist dabei definiert als die Wertsumme aller fest akzeptierten, am Ende des Berichtsmonats noch nicht ausgeführten Auftragseingänge. Ist bereits eine Teilproduktion erfolgt, so soll eine entsprechende Berichtigung der Auftragsbestände vorgenommen werden.

Bei der Zusammenfassung der Wertmeßzahlen zu Wertindexzahlen wird eine Gewichtung über den *Umsatz* des Basisjahres vorgenommen.

In der Übersicht 12 sind ausgewählte empirische Ergebnisse der Auftragseingangsstatistik (für die Verarbeitende Industrie ohne Nahrungs- und Genußmittelindustrien) und der Auftragsbestandsstatistik (für ausgewählte Zweige der Verarbeitenden Industrie) zusammengestellt (Basis 1970).

	Volumenindex des Auftragseingangs		Wertindex des Auftragseingangs		Anteil des Auftragseingangs am Umsatz		Umsatzvolumen	Wertindex des Auftragsbestands	
	Inland	Ausland	Inland	Ausland	Inland	Ausland		Inland	Ausland
1971	98,3	99,9	102,5	103,4	100,2	100,5	101,6	93,7	100,4
1972	103,4	109,4	110,6	115,1	101,8	102,8	105,2	92,3	100,2
1973	115,0	138,1	128,3	153,6	106,0	114,7	112,4	116,1	136,0
1974	109,1	143,6	139,0	184,5	102,4	110,3	110,1	129,4	189,5

Übersicht 12: Ausgewählte empirische Ergebnisse der Auftragseingangs- und -bestandsstatistik

Literaturhinweise

Brandner, H.: Erhebung der Auftragsbestände in der Industrie, *in*: Wirtschaft und Statistik 1971, S. 9-11.

Erhard, U.: Zur Aussage des Index über den Auftragsbestand in der Industrie, *in*: Wirtschaft und Statistik 1971, S. 605-608.

–: Neuberechnung des Index des Auftragseingangs in der Industrie auf der Basis 1970, *in*: Wirtschaft und Statistik 1972, S. 151-154.

Fürst, G.: Stand und Probleme der Umsatzstatistik, *in:* Wirtschaft und Statistik 1952, S. 183-185.
Hampe, A.: Bemerkungen zur statistischen Erfassung der Nachfrage und ihrer Intensität, *in:* Allgemeines Statistisches Archiv 1962, S. 129-140.
Hoffmann, A.: Die Statistik des Auftragseingangs in der Industrie als Mittel der Marktbeobachtung (Dissertation), Marburg 1966.
Neumann, J.: Zur Problematik der Statistik über den Auftragseingang in der Industrie, *in:* Wirtschaft und Statistik 1975, S. 723-727.
Reichling, W.: Auftragseingang, Auftragsbestände und Nachfrage, *in:* Allgemeines Statistisches Archiv 1966, S. 155-173.
Thull, K. H.: Bemerkungen zum Einfluß der Annullierungen auf die Aussagekraft der mit dem Auftragseingangsindex verbundenen Frühindikatoren, *in:* Allgemeines Statistisches Archiv 1970, S. 269-275.

3. Produktionsentwicklung

Zum Absatz bestimmte Produktion Netto- und Bruttoproduktionswert Nettoquote Produktionsindex Ersatzreihen zur Fortschreibung des Index der industriellen Nettoproduktion

In der Volkswirtschaftslehre wird unter dem Begriff der „Produktion" einmal der Prozeß der Kombination von Produktionsfaktoren verstanden, wobei zum Produktionsergebnis der Ausstoß von Sachgütern und Dienstleistungen aller Wirtschaftsbereiche zählt. Zum anderen wird die „Produktion" häufig auf die Erzeugung von Sachgütern (einschließlich der unmittelbar damit zusammenhängenden Dienstleistungen) eingeschränkt. In diesem Sinn kann etwa von handwerklicher oder industrieller Produktion gesprochen werden, wenn zwischen der Art des vorherrschenden Produktionsverfahrens unterschieden werden soll.

Wird die „Produktion" über das Produktionsergebnis („output") gemessen, so können für einzelne Erzeugnisse zunächst die produzierten Mengen betrachtet werden. Bei Vergleichen oder Aggregationen sind die produzierten Mengen jedoch zu bewerten.

In diesem Abschnitt wird ausschließlich die (kurzfristige) industrielle Produktionsentwicklung unter Abstellung auf Produktionsindexzahlen betrachtet.

3.1. Industrielle Produktion und Produktionswerte

Vor der Bildung von Produktionswerten ist zu entscheiden, welche Produktionsmengen (in Abhängigkeit von den jeweiligen Berichtseinheiten) erfaßt werden sollen. Dabei ist zu unterscheiden zwischen der Gesamtproduktion, der *zum Absatz bestimmten Produktion* und der zur Weiterverarbeitung im gleichen Unternehmen (oder in einem anderen Betrieb des gleichen Unternehmens) bestimmten Produktion.

In der industriellen Produktionsstatistik, die sich überwiegend auf Industriebetriebe mit 10 und mehr Beschäftigten bezieht, wird in der Regel die zum Absatz (außerhalb des Betriebes) bestimmte Produktion (mengen- und wertmäßig) erfaßt, wobei in Einzelfällen (insbesondere im Bereich der Grundstoff- und Produktionsgüterindustrien) zu Vergleichszwecken zusätzlich die Gesamtproduktion (mengenmäßig) erfragt wird. Lieferungen zwischen den Betrieben eines Unternehmens zählen nicht zur zum Absatz bestimmten Produktion. Diese Einengung des Produktionsbegriffes auf die zum Absatz bestimmte Produktion führt zu einer (in Zeiten zunehmender Konzentration ansteigend) systematischen Untererfassung des Produktionsausstoßes der Industriebetriebe.

Der Wert der zum Absatz bestimmten Produktion orientiert sich an den *Verkaufspreisen* der jeweiligen Berichtsperiode (einschließlich Verpackung, ab 1968 ohne

Mehrwertsteuer und ohne gewährte Rabatte sowie in den Verkaufspreisen enthaltene Verbrauchssteuern).

Bei der Zusammenfassung der Produktionswerte einzelner Industriebetriebe oder -unternehmen wird zwischen dem *Bruttoproduktionswert* und dem *Nettoproduktionswert* unterschieden. Geht man von der Ertragsseite des Produktionskontos eines Unternehmens (oder eines aus Unternehmen zusammengesetzten Wirtschaftszweiges) aus, dann läßt sich die Berechnung des Bruttoproduktionswertes wie folgt darstellen (nach dem Zensus im Produzierenden Gewerbe 1967, vgl. S. 21):

Umsatz	
± Bestandsänderungen	+ Jahresendbestand an Halb- und Fertigerzeugnissen – Jahresanfangsbestand an Halb- u. Fertigerzeugnissen
+ selbsterstellte Anlagen	
= Bruttoproduktionswert	

Der (wirtschaftliche) Umsatz umfaßt nur die Verkäufe von eigenen Erzeugnissen, nicht den Umsatz in Handelsware.

Dem Posten selbsterstellte Anlagen kommt nur in wenigen Industriezweigen (wie etwa der Chemischen Industrie oder der Maschinenbauindustrie) eine größere Bedeutung zu. Entsprechende Erhebungen erfolgen im Rahmen der jährlichen Investitionserhebung (vgl. S. 21).

Der Nettoproduktionswert ergibt sich ausgehend vom Bruttoproduktionswert wie folgt:

Bruttoproduktionswert	
– Vorleistungen	Material- und Wareneingang + Jahresanfangsbestand an Roh-, Hilfs- und Betriebsstoffen – Jahresendbestand an Roh-, Hilfs- und Betriebsstoffen
– vergebene Lohnarbeiten	
= Nettoproduktionswert	

Wird (wie etwa im Rahmen der Volkswirtschaftlichen Gesamtrechnungen) der Wert der Verkäufe an Handelsware zum Bruttoproduktionswert gerechnet, dann ist bei der Ermittlung des Nettoproduktionswertes der Einstandswert der verkauften Handelsware zusätzlich abzuziehen.

Der Nettoproduktionswert soll die um die Vorleistungen anderer Industriebetriebe oder -unternehmen bereinigte „eigene" wirtschaftliche Leistung darstellen. Er enthält jedoch noch

die „sonstigen" (nicht für die unmittelbare Produktion verwendeten) Vorleistungen anderer Bereiche (u. a. Büromaterialien, Werbe- und Vertriebskosten, Versicherungsprämien). Diese „sonstigen" Vorleistungen, die in der Regel schwierig zu erfassen sind, betragen für die gesamte Industrie etwa 8 % des Bruttoproduktionswertes.

Geht man von den Einkäufen von anderen Unternehmen oder Betrieben aus, dann läßt sich der Nettoproduktionswert wie folgt berechnen:

	Umsatz	
±	Bestandsänderungen an Halb- und Fertigerzeugnissen	
±	Bestandsänderungen an Vorprodukten	
+	Bestandserhöhungen durch Einkäufe von Sachanlagen	Bruttoinvestition
+	selbsterstellte Anlagen	
–	Einkäufe von Vorprodukten	
–	Einkäufe von Sachanlagen	
=	Nettoproduktionswert	

Die *Nettoquote,* die als Quotient aus Nettoproduktionswert und Bruttoproduktionswert definiert ist, kann zur Strukturierung der Industriezweige (bzw. der Industrieunternehmen oder -betriebe) in bezug auf den Einsatz von Vorleistungen benutzt werden. Sie ist in den Verbrauchsgüterindustrien in der Regel relativ niedrig.

Beispiel

Gegeben sind für ein Unternehmen die folgenden Größen (in Mill. DM): Umsatz 500, Verbrauch von Vorprodukten 300 (Einkäufe 400), selbsterstellte Anlagen 150, Bestandserhöhung an Halb- und Fertigerzeugnissen 50 und Anlagenkäufe 400.

Der Bruttoproduktionswert beträgt 700, der Nettoproduktionswert 400, die Nettoquote 57,1 %. Nach der „Einkaufsmethode" berechnet sich die Bruttoinvestition zu 330.

3.2. Indizes der industriellen Nettoproduktion

Die Indizes der industriellen Nettoproduktion stellen wichtige Indikatoren der konjunkturellen Entwicklung im Bereich der Industrie dar. Sie sollen kurzfristig die mengenmäßige Entwicklung der Nettoleistung für ausgewählte Industriezweige und die gesamte Industrie messen. Die Indizes der industriellen Nettoproduktion werden monatlich (zur Basis 1970) in der Form von Mengenindexzahlen nach Laspeyres berechnet.

Zur Gewichtung wird auf die aus den Zensusergebnissen (vgl. S. 21) berechneten oder geschätzten Nettoproduktionswertanteile im Basisjahr zurückgegriffen.

Die industriellen Kleinbetriebe werden über Schätzungen in den Gewichtsanteilen berücksichtigt. Bei der Neuberechnung der Indizes der industriellen Nettoproduktion im Jahr 1970 mußte die Gewichtung aus den Ergebnissen des Zensus 1967 schätzungsweise ermittelt werden. Dabei wurden die (Zensus-) Nettoproduktionswerte zunächst mit Hilfe der Indizes der industriellen Nettoproduktion (Basis 1962) bis 1970 fortgeschrieben und anschließend unter Abstellung auf die Indizes der Erzeugerpreise industrieller Produkte auf die Basis 1970 umgerechnet.

Bei der Berechnung der monatlichen Meßzahlen (Fortschreibung) wird auf die im monatlichen Industriebericht (vgl. S. 22) und im Produktionseilbericht (vgl. S. 22) erhobenen Tatbestände abgestellt, die sich in der Regel auf Industriebetriebe mit 10 und mehr Beschäftigten beziehen (Hauptbeteiligtenkonzept). Da in diesem Rahmen kurzfristig keine (mengenmäßigen) Angaben über die Nettoproduktionswerte verfügbar sind, wird zur Fortschreibung auf *Ersatzreihen* zurückgegriffen. Die benutzten Ersatzreihen können in Input- und Outputreihen unterteilt werden. Bei der Gruppe der Outputreihen werden die folgenden Größen benutzt:
- Mengen des Güterausstoßes (Bruttoproduktionsausstoß),
- preisbereinigte Werte des Güterausstoßes (Bruttoproduktionswerte) und
- preisbereinigte Umsätze.

Mengen des Güterausstoßes werden dem Produktionseilbericht entnommen, wenn die Produktion eines Industriezweigs durch relativ wenige (homogene) Güter beschrieben werden kann.

Sind in Industriezweigen mit differenziertem Produktionsprogramm kurzfristig Qualitätsänderungen zu erwarten, so wird eine Fortschreibung über die preisbereinigten *Werte* des Güterausstoßes vorgenommen (Angaben aus dem monatlichen Produktionseilbericht), wobei die Deflationierung über die Indizes der Erzeugerpreise industrieller Produkte (Beteiligtenkonzept!) erfolgt.

Bei stark differenziertem Produktionsprogramm werden mit Hilfe der *Umsätze* (aus dem monatlichen Industriebericht) die jeweiligen Meßzahlen fortgeschrieben, wobei die Umsätze ebenfalls mit Hilfe der Indizes der Erzeugerpreise industrieller Produkte deflationiert werden.

Die in Einzelfällen benutzten Inputreihen umfassen die
- Zahl der geleisteten Arbeiterstunden und den
- Materialeinsatz.

Liegen lange Produktionsperioden vor (wie etwa im Schiffbau), so wird zur Fortschreibung der Indizes der industriellen Nettoproduktion auf die *Zahl der geleisteten Arbeiterstunden* (aus dem monatlichen Industriebericht) zurückgegriffen.

Bei einem heterogenen Produktionsprogramm und dem Einsatz relativ homogener Rohstoffe (Textil- und Bauindustrie) wird zur monatlichen Fortschreibung auf Angaben über den *Materialeinsatz* abgestellt.

In der Übersicht 13 wird die Zahl der benutzten Ersatzreihen bei der monatlichen Berechnung der Indizes der industriellen Nettoproduktion (Basis 1970) für ausgewählte Zweige der Industrie dargestellt.

	Anzahl der Ersatzreihen				
	Outputreihen			Inputreihen	
	Mengen des Güteraus-stoßes	Werte des Güteraus-stoßes	Umsatz	Geleistete Arbeiter-stunden	Material-einsatz
	preisbereinigt				
Bergbau	18	–	2	–	–
Grundstoff- und Produktionsgüter-industrien	159	7	1	–	–
Investitionsgüter-industrien	41	118	7	2	–
Verbrauchsgüter-industrien	52	5	6	–	10
Nahrungs- und Genußmittelindustrien	34	–	9	1	–
Öffentliche Energie-wirtschaft	2	–	–	–	–
Bauindustrie	–	–	–	–	2
Gesamte Industrie	306	130	25	3	12

Übersicht 13: Ersatzreihen bei der Fortschreibung der Indizes der industriellen Nettoproduktion

Bei der Benutzung der Indizes der industriellen Nettoproduktion in der kurzfristigen konjunkturellen Analyse sind insbesondere die folgenden Punkte zu beachten:

1. Erste vorläufige Ergebnisse des Index der industriellen Nettoproduktion (auf der Basis des Produktionseilberichts) liegen etwa 4 Wochen nach Ende des Berichtsmonats vor. Korrekturen erfolgen nach weiteren 4 Wochen, wobei nunmehr auch die Industriebranchen erfaßt werden, in denen die Fortschreibung über den Umsatz und die Zahl der geleisteten Arbeiterstunden (aus dem monatlichen Industriebericht) vorgenommen wird. Die endgültige Berechnung wird nach Abschluß des Berichtsjahres (für alle Monate) durchgeführt.
2. Da die Fortschreibung des Index der industriellen Nettoproduktion über Ersatzreihen erfolgt, und da Indexzahlen in der Regel nach der Form der benutzten Meßzahlen bezeichnet werden, sollte besser von einem Index der industriellen Produktion gesprochen werden.
3. Die Anwendung des Schwerpunktprinzips und des Abschneideverfahrens kann bei weit zurückliegenden Basisjahren (zuletzt 1962, heute 1970) zu Verzerrungen der Branchenergebnisse führen.
4. Indizes der industriellen Nettoproduktion werden kalendermonatlich und von Kalenderunregelmäßigkeiten bereinigt veröffentlicht (ungleiche Monatslänge, unterschiedliche Zahl von Sonn- und Feiertagen und Samstagen in den Monaten). Bei der Bereinigung wird ein enger Zusammenhang zwischen der Zahl der Arbeitstage bzw. der Zahl der geleisteten Arbeiterstunden und der Produktionshöhe unterstellt. Bei der Analyse der konjunkturellen Entwicklung sollte allerdings auf die kalendermonatlichen Werte zurückgegriffen werden, da erfahrungsgemäß bei einer Anhäufung von Nicht-Arbeitstagen in einem Monat Nach- oder Vorarbeit geleistet wird.

5. In den Industriehauptgruppen „Investitionsgüterindustrien" und „Verbrauchsgüterindustrien" sind Industriezweige zusammengefaßt, die überwiegend „Investitionsgüter" bzw. „Verbrauchsgüter" produzieren (Zuordnung nach dem „Schwerpunktprinzip"). Damit werden (in bezug auf den Verwendungszweck der produzierten Güter) relativ inhomogene Aggregate gebildet. So wird etwa eine ansteigende Produktion von Verbrauchsgütern in Zweigen der „Investitionsgüterindustrien" bzw. von Investitionsgütern in Zweigen der „Verbrauchsgüterindustrien" den jeweiligen Industriehauptgruppen zugerechnet, d. h. entsprechende Strukturänderungen werden nicht erfaßt. Analoge Überlegungen gelten für einzelne Branchen der „Grundstoff- und Produktionsgüterindustrien".

3.3. Indizes der industriellen Bruttoproduktion

Die Indizes der industriellen Bruttoproduktion für Investitionsgüter und Verbrauchsgüter sollen (in Ergänzung der Indizes der industriellen Nettoproduktion) die Entwicklung des mengenmäßigen Outputs der in der Industrie erzeugten (investitionsreifen und verbrauchsreifen) Enderzeugnisse beschreiben.

Investitionsgüter umfassen alle Güter, die von der Industrie produziert und überwiegend von den Unternehmen (oder vom Staat) als Anlagegüter (für Ausrüstungsinvestitionen) gekauft werden. *Verbrauchsgüter* umfassen alle Güter, die von der Industrie produziert und überwiegend von den privaten Haushalten gekauft werden (ohne Nahrungs- und Genußmittel).

Die Indizes der industriellen Bruttoproduktion lassen sich wie folgt charakterisieren:

1. Es werden grundsätzlich Industriebetriebe mit 10 und mehr Beschäftigten betrachtet.
2. Bei den veröffentlichten Mengenindexzahlen (nach Laspeyres, Basis 1970) erfolgt eine (Repräsentativ-)Gewichtung der einzelnen Warengruppen über die Bruttoproduktionswerte im Basisjahr. Zur monatlichen Fortschreibung wird auf (umgruppierte) Ergebnisse des monatlichen Produktionseilberichts zurückgegriffen (vgl. S. 22).
3. Die Gliederung der Indizes der industriellen Bruttoproduktion entspricht nicht der Gliederung der Indizes der industriellen Nettoproduktion nach Industriezweigen (Institutionen), sondern erfolgt (entsprechend dem systematischen Warenverzeichnis für die Industriestatistik) nach Waren (gemäß dem überwiegenden, vermutlichen Verwendungszweck).

In der Übersicht 14 sind ausgewählte empirische Ergebnisse der Indizes der industriellen Nettoproduktion und der Indizes der industriellen Bruttoproduktion zusammengestellt (Jahresdurchschnittswerte, Basis 1970).

Bei der Benutzung der Indizes der industriellen Bruttoproduktion in der Analyse der konjunkturellen Entwicklung ist zu beachten, daß die Indizes der industriellen Bruttoproduktion insbesondere Aussagen darüber zulassen, ob die Veränderung der Produktionshöhe in ausgewählten Industriezweigen durch Veränderungen der (in- und ausländischen) Investitionstätigkeit oder des (in- und ausländischen) Verbrauchs bedingt sind (im Rahmen des Verbrauchs werden allerdings nicht nur Erzeugnisse der Industrie nachgefragt).

Index der industriellen Bruttoproduktion	Gewicht	Indexstand 1971	1972	1973
Investitionsgüter insgesamt	100,00	101,5	104,7	108,5
darunter:				
= Elektrotechnische Investitionsgüter	18,63	102,9	108,4	115,1
= Maschinenbauerzeugnisse	40,85	98,4	98,3	101,3
Verbrauchsgüter insgesamt	100,00	102,8	106,9	110,5
darunter:				
= Elektrotechnische Verbrauchsgüter	11,98	95,3	111,1	136,3
= Bekleidung	16,92	102,6	107,4	100,1
Index der industriellen Nettoproduktion				
Gesamte Industrie ohne Energiewirtschaft und Bauindustrie (kalendermonatlich)	90,54	101,6	104,9	111,7
Investitionsgüterindustrien	36,05	99,8	102,3	110,1
darunter:				
= Maschinenbauindustrie	10,03	98,4	97,5	100,6
= Elektrotechnische Industrie	9,06	100,2	108,2	121,5
Verbrauchsgüterindustrien	15,70	104,1	109,6	112,0
darunter:				
= Bekleidungsindustrie	2,12	102,6	107,4	100,1

Übersicht 14: Ausgewählte empirische Ergebnisse der Indizes der industriellen Nettoproduktion und der industriellen Bruttoproduktion

Beispiel

Nach der Übersicht 14 ergibt sich in den Jahren 1971 und 1972 ein stärkerer Anstieg für den Index der industriellen Nettoproduktion der Verbrauchsgüterindustrien als für den Index der industriellen Bruttoproduktion für Verbrauchsgüter. Die Differenz kann u. a. dadurch erklärt werden, daß die in den (überwiegend) Investitionsgüter produzierenden Wirtschaftszweigen hergestellten Verbrauchsgüter im Index der industriellen Nettoprodukton der Verbrauchsgüterindustrien nicht enthalten sind. Demgegenüber zeigt sich für die Warengruppe Bekleidung und den Wirtschaftszweig Bekleidungsindustrie eine deutliche Übereinstimmung der jeweiligen Indexzahlen.

Literaturhinweise

Degenhardt, W.: Zum Qualitätsproblem in der Industriestatistik, *in:* Konjunkturpolitik 1970, S. 7-16.

Sobotschinski, A.: Die Indizes im kurzfristigen Berichtssystem des Produzierenden Gewerbes, *in: G. Fürst* (Hrsg.): Zur Reform der amtlichen Industriestatistik, Göttingen 1971, S. 83-111.

Statistisches Bundesamt: Fachserie D (Industrie und Handwerk) Reihe 2, Sonderbeitrag, Stuttgart Mai 1975
1. Index der industriellen Nettoproduktion auf Basis 1970, S. 5–23 und
2. Index der industriellen Bruttoproduktion für Investitionsgüter und Verbrauchsgüter auf Basis 1970, S. 24-28.

Werner, K.: Die Industriestatistik der Bundesrepublik Deutschland (2., neubearbeitete Auflage), Berlin 1965, Kapitel 16-19 und 21.

–: Die Statistik der industriellen Produktion, *in: A. Blind* (Hrsg.): Umrisse einer Wirtschaftsstatistik, Hamburg 1966, S. 130-145.

4. Beschäftigten- und Arbeitslosenentwicklung

Erwerbs- und Unterhaltskonzept Erwerbslose Arbeitslose Erwerbs- und Arbeitslosenquoten

Quantitative Angaben über die Entwicklung der Erwerbstätigkeit sowie über die Beschäftigten- und Arbeitslosenentwicklung stellen eine wesentliche Grundlage sozialpolitischer und wirtschaftspolitischer Entscheidungen dar. In der amtlichen Statistik liegen in einer Vielzahl von kurz-, mittel- und langfristigen Erhebungen entsprechende Zahlen vor, die sich in bezug auf die Erhebungsform dahingehend unterscheiden lassen, daß sie einmal bei der Einzelperson und zum anderen am Arbeitsplatz (Betrieb, Unternehmen) ansetzen. In diesem Sinn kann von statistischen Informationen über die Erwerbstätigkeit (der Bevölkerung) und über die Beschäftigung (den Einsatz des Produktionsfaktors Arbeit) gesprochen werden, wobei im zweiten Fall neben den Beschäftigtenzahlen auch die Intensität des Einsatzes (etwa die Zahl der geleisteten Arbeiterstunden) von Bedeutung ist.

4.1. Erwerbstätigkeit

Statistische Angaben über die Erwerbstätigkeit der Bevölkerung fallen insbesondere im Rahmen der Volkszählung und des Mikrozensus (vgl. S. 20) an. Zur Erfassung der Erwerbstätigkeit wird dabei primär auf das „*Erwerbskonzept*" abgestellt. So erfolgt etwa im Mikrozensus eine Einteilung der Wohnbevölkerung in:

Erwerbspersonen	Erwerbstätige + Erwerbslose
+ Nichterwerbspersonen	
= Wohnbevölkerung	

Zu den *Erwerbstätigen* zählen alle inländischen Personen (Wohnsitz im Inland, nicht Staatsangehörigkeit), die unmittelbar eine Tätigkeit gegen Entgelt ausüben. Es kann zwischen selbständigen und abhängigen (Arbeitern, Angestellten und Beamten) Erwerbstätigen sowie mithelfenden Familienangehörigen unterschieden werden. Die Höhe des Entgelts oder die geleistete Arbeitszeit spielen in diesem Zusammenhang keine Rolle.

Zu den *Erwerbslosen* werden alle arbeitssuchenden Personen gerechnet. Sie werden den Erwerbspersonen zugeordnet, da davon ausgegangen wird, daß ihre „Tätigkeit" mittelbar auf Entgelt ausgerichtet ist.

Das teilweise neben dem Erwerbskonzept benutzte „Unterhaltskonzept" strebt eine Gliederung der Wohnbevölkerung nach der überwiegenden Lebensunterhaltsquelle (Einkommensquelle) an. Durch eine Kombination beider Konzepte lassen sich etwa die Erwerbstätigen untergliedern in Erwerbstätige mit überwiegendem Lebensunterhalt durch

a) Erwerbstätigkeit,
b) Arbeitslosengeld bzw. Arbeitslosenhilfe,
c) Rente, Pension, Vermögen u. ä. und
d) Einkommen der Angehörigen.

Erwerbslose können definitionsgemäß nach b) bis d) unterschieden werden, Nichterwerbspersonen nach c) und d).

In der Übersicht 15 sind entsprechende Zahlen (in Mill.) nach dem Unterhalts- und Erwerbskonzept unter Abstellung auf die Ergebnisse des Mikrozensus (Berichtswoche 6. bis 12. Mai 1973) zusammengestellt.

Erwerbskonzept / Unterhaltskonzept	Erwerbsperson		Nichterwerbspersonen	Insgesamt
	Erwerbstätige	Erwerbslose		
Personen mit überwiegendem Lebensunterhalt aus (durch):				
= Erwerbstätigkeit	24,729	–	–	24,729
= Arbeitslosengeld/-hilfe	0,000	0,072	–	0,072
= Rente u. ä.	0,522	0,038	9,806	10,366
= Angehörige	1,815	0,080	24,841	26,736
Insgesamt	27,066	0,190	34,647	61,903

Übersicht 15: Erwerbs- und Unterhaltskonzept (empirische Ergebnisse)

Es zeigt sich, daß die Zahl der Erwerbstätigen nach dem Erwerbskonzept (27,066 Mill.) größer ist als die Zahl der Erwerbstätigen nach dem Unterhaltskonzept (24,729 Mill., Personen mit überwiegendem Lebensunterhalt aus Erwerbstätigkeit).

Beispiel
Mit den Angaben in der Übersicht 15 berechnet sich:
1. die *Abhängigkeitsrate* (etwa für Zwecke der Sozialversicherung) nach dem Unterhaltskonzept zu (Wohnbevölkerung/Erwerbstätige) 2,5;
2. die *Erwerbsquote* nach dem Erwerbskonzept zu [(Erwerbspersonen/Wohnbevölkerung) · 100] 44%;
3. die *Erwerbslosenquote* nach dem Erwerbskonzept zu [(Erwerbslose/Erwerbspersonen) · 100] 0,7%.

In der Übersicht 16 sind (analog zur Übersicht 15) die Erwerbstätigen (in Mill.) nach ihrer Stellung im Beruf und die durchschnittlich geleisteten Wochenarbeitsstunden (in der vorwiegenden Erwerbstätigkeit) zusammengestellt.

Beispiel
Bezieht man bei der Berechnung der Erwerbslosenquote die Zahl der Erwerbslosen auf die Zahl der Erwerbstätigen, so errechnet sich eine Erwerbslosenquote von 0,7% (Erwerbskonzept) bzw. 0,8% (Unterhaltskonzept).

Geht man nur von der Zahl der abhängig Erwerbstätigen (Erwerbskonzept) aus, so beträgt die Erwerbslosenquote 0,8%.

	Erwerbstätige nach Stellung im Beruf	Wochenarbeitsstunden
Selbständige	**2,529**	**54,9**
Mithelfende Familienangehörige	**1,492**	**43,4**
Abhängig Erwerbstätige		
= **Arbeiter**	**12,215**	**39,6**
= **Angestellte**	**8,744**	**39,7**
= **Beamte**	**2,087**	**41,8**

Übersicht 16: Erwerbstätige nach Stellung im Beruf und durchschnittliche Wochenarbeitsstunden

Seit Mitte 1974 führt die Bundesanstalt für Arbeit (in Zusammenarbeit mit dem Statistischen Bundesamt) eine neue Beschäftigtenstatistik durch, die insbesondere vierteljährliche Angaben über die Zahl der sozialversicherungspflichtig beschäftigten Arbeitnehmer liefert, wobei eine regionale Gliederung und eine wirtschaftsfachliche Gliederung (nach der Systematik der Wirtschaftszweige) erfolgt. Damit wird die Datenbasis für die kurzfristige Konjunktur- und Arbeitsmarktanalyse (u. a. zur Berechnung von Arbeitslosenquoten) wesentlich erweitert.

Die neue Beschäftigtenstatistik basiert primär auf den Meldungen der Betriebe über Aufnahme und Beendigung einer sozialversicherungspflichtigen Beschäftigung. Auf der Grundlage dieser über die Rentenversicherungsanstalten und die gesetzlichen Krankenkassen weitergeleiteten Meldungen wird in der Bundesanstalt für Arbeit je versicherungspflichtig Beschäftigten ein „Versicherungskonto" geführt. Mit den versicherungspflichtig Beschäftigten werden etwa 75 % der Erwerbstätigen erfaßt.

4.2. Zahl der Beschäftigten in der Industrie

Kurzfristige monatliche Angaben über die Zahl der Beschäftigten in der Verarbeitenden Industrie und im Bergbau liefert insbesondere der monatliche Industriebericht (vgl. S. 22). Diese Zahlen werden u. a. bei der monatlichen Schätzung der Erwerbstätigen benutzt.

Zu den *Beschäftigten* zählen im Rahmen des monatlichen Industrieberichts alle am Ende des Berichtsmonats im meldenden Betrieb tätigen Personen. Zu den Arbeitern bzw. zu den Angestellten rechnen auch die gewerblich bzw. kaufmännisch Auszubildenden. Neben den tätigen Inhabern werden auch die mithelfenden Familienangehörigen, die mindestens ein Drittel der im Betrieb üblichen Arbeitszeit beschäftigt sind, erfaßt.

Neben der Zahl der Beschäftigten wird auch die Zahl der geleisteten *Arbeiterstunden* erhoben, die definiert sind als alle von den Arbeitern (einschließlich der gewerblich Auszubildenden) tatsächlich geleisteten (nicht bezahlten) Stunden.

4.3. Zahl der Arbeitslosen und Zahl der offenen Stellen

Statistische Angaben über die Zahl der Arbeitslosen und die Zahl der offenen Stellen liefert (monatlich) die Statistik der Arbeitsvermittlung (vgl. S. 20), die durch die Bundesanstalt für Arbeit primär im Rahmen der Auszählung der Karteien der Arbeitsämter durchgeführt wird.

Zu den *Arbeitslosen* zählen alle Personen, die ein bestimmtes Alter überschritten haben und die während der Berichtsperiode nicht beschäftigt waren, die aber eine bezahlte (auch erste) abhängige Beschäftigung suchen.

Die Zahl der Arbeitslosen umfaßt demnach alle Personen, die sich beim Arbeitsamt als arbeitslos gemeldet haben und zur Arbeitsvermittlung zur Verfügung stehen.

Die Zahl der Erwerbslosen ist mit der Zahl der Arbeitslosen nur bedingt vergleichbar, da die Arbeitsmarktstatistik die unsichtbare Arbeitslosigkeit nicht erfaßt (keine Meldung beim Arbeitsamt, etwa bei Jugendlichen oder ehemaligen Beschäftigten in höher qualifzierten Berufen). Auf der anderen Seite kann auch (etwa) im Mikrozensus das „Arbeitsangebot" untererfaßt werden, wenn die Erwerbslosigkeit u. a. aus Gründen des Prestiges oder der Kreditwürdigkeit nicht angegeben wird.

Bei der Analyse der Entwicklung der Zahl der Arbeitslosen sollte zusätzlich auf die folgenden Punkte abgestellt werden: Umfang der Nichtbeschäftigung wegen Streik, Aussperrung, Arbeitsunfähigkeit oder -unwille; Umfang der Kurzarbeit; Höhe des Arbeitslosengeldes bzw. der Arbeitslosenhilfe; Verzögerung des Eintritts in das Erwerbsleben (etwa durch höhere Studentenzahlen oder Einführung eines zusätzlichen Schuljahres) und vorzeitiges Ausscheiden aus dem Erwerbsleben (etwa durch die Einführung der „flexiblen Altersgrenze").

Die Zahl der *offenen Stellen* umfaßt alle Vermittlungsaufträge von inländischen Arbeitgebern auf Zuweisung inländischer oder ausländischer (auch teilbeschäftigter) Arbeitskräfte zur Einstellung innerhalb der nächsten 3 Monate (für die Dauer von mindestens einer Woche).

Über die Zahl der offenen Stellen kann nur bedingt auf die gesamtwirtschaftliche „Nachfrage" nach Arbeitskräften geschlossen werden, da bei der Besetzung von Arbeitsplätzen keine Verpflichtung zur Einschaltung der Arbeitsämter besteht. Dabei ist zu beachten, daß die Vermittlungstätigkeit der Arbeitsämter nur in etwa 50% aller Fälle in Anspruch genommen wird, daß Vermittlungsaufträge (etwa in konjunkturellen Aufschwungphasen) überhöht sein können und Vermittlungen nicht in allen Fällen zu Einstellungen von Arbeitskräften führen. Bei der Analyse der konjunkturellen Entwicklung ist zudem zwischen der Ersatz- und der Zusatz-„nachfrage" nach Arbeitskräften zu unterscheiden.

In der Übersicht 17 sind ausgewählte empirische Ergebnisse der Arbeitsmarktstatistik (Zahl der Arbeitslosen und der offenen Stellen, Stand Monatsende) und des monatlichen Industrieberichts (Zahl der Beschäftigten und der Arbeiter, Stand Monatsende und Zahl der geleisteten Arbeiterstunden) zusammengestellt. Bei den Jahreswerten handelt es sich um Monatsdurchschnittswerte (Jahreswerte/12).

	1971	1972	1973	April 1973
Zahl der Arbeitslosen (in Tsd.)	185,1	246,4	273,5	240,7
Zahl der Offenen Stellen (in Tsd.)	648,1	545,8	572,0	622,2
Zahl der Beschäftigten (in Tsd.)	8.538	8.340	8.368	8.348
darunter: Zahl der Arbeiter (in Tsd.)	6.342	6.129	6.117	6.104
Zahl der geleisteten Arbeiterstunden (in Mill.)	977	934	929	916

Übersicht 17: Ausgewählte empirische Ergebnisse zur Arbeitslosigkeit und Beschäftigung

Beispiel

Die Zahl der Arbeitslosen betrug Ende April etwa 240.700; damit errechnet sich die (in der Bundesrepublik Deutschland üblicherweise benutzte) *Arbeitslosenquote* (Zahl der Arbeitslosen/Zahl der abhängigen Erwerbstätigen) · 100] zu [(0,2407/23,046) · 100] 1,1%.

Literaturhinweise

Herberger, L. und *H. Sperling*: Erwerbstätigkeit und Lebensunterhalt (Terminologie und Ergebnisse), *in*: Wirtschaft und Statistik 1963, S. 137-140.

Herberger, L. und Mitarbeiter: Das Gesamtsystem der Erwerbstätigkeitsstatistik, *in*: Wirtschaft und Statistik 1975, S. 349-362.

Kühl, J.: Zum Aussagewert der Statistik der offenen Stellen, *in*: Mitteilungen aus der Arbeitsmarkt- und Berufsforschung 1970, S. 250-276.

Mayer, H.-L.: Erwerbstätigkeit von April 1972 bis April 1974 (Ergebnisse des Mikrozensus), *in*: Wirtschaft und Statistik 1974, S. 700–706.

Werner, H.: Zum Problem der internationalen Vergleichbarkeit von Arbeitslosenquoten, *in*: Statistische Hefte 1971, S. 167-176.

5. Einkommensentwicklung

Index der durchschnittlichen Bruttostundenverdienste der Arbeiter in der Industrie Bruttolohnsumme Index der tariflichen Stundenlöhne der Arbeiter Lohndrift

Im Rahmen der derzeitigen amtlichen Erhebungen liegen nur relativ wenige Angaben über die Erzielung von Geldeinkommen durch die Teilnahme am Produktionsprozeß vor. Die entsprechenden Statistiken können grundsätzlich eingeteilt werden in:

1. Sekundärstatistiken wie die Einkommens-, Lohnsteuer- oder Körperschaftssteuerstatistik.
2. Erhebungen der Geldeinkommen bei den Einkommensempfängern, wobei in der Regel das Haushaltseinkommen erfaßt wird. Beispiele: Einkommens- und Verbrauchsstichprobe, laufende Wirtschaftsrechnungen (vgl. S. 25 f.). Die Haushaltseinkommen werden überwiegend bei der Analyse der personellen Einkommensverteilung betrachtet.
3. Erhebung der Geldeinkommen an der Einkommensquelle. Hier wird überwiegend auf das Einzeleinkommen (Faktoreinkommen des Produktionsfaktors Arbeit) abgestellt. Beispiele: Kostenstrukturstatistik (vgl. S. 20), Zensus im warenproduzierenden Gewerbe (vgl. S. 21), monatlicher Industriebericht (vgl. S. 22), Lohn- und Gehaltsstrukturerhebung (vgl. S. 24), sowie die laufende Verdienststatistik (vgl. S. 24 f.). Faktoreinkommen werden u. a. bei der Analyse der funktionellen Einkommensverteilung betrachtet.
4. Statistik der Tariflöhne und -gehälter (vgl. S. 24 f.).

Im folgenden stehen die wichtigsten kurzfristigen Erhebungen der Punkte 3 und 4 im Mittelpunkt der Betrachtung.

5.1. Indizes der Effektivverdienste und Bruttolohn- und -gehaltssumme

Aus den Ergebnissen der laufenden Verdienststatistik in der gesamten Industrie und im Handel berechnet das Statistische Bundesamt vierteljährlich (Basis 1970) für die Monate Januar, April, Juli und Oktober die folgenden 4 Indizes der Effektivverdienste bzw. der bezahlten Wochenstunden:

1. Index der durchschnittlichen Bruttomonatsverdienste der Angestellten in Industrie und Handel,
2. Index der durchschnittlichen Bruttostundenverdienste der Arbeiter in der Industrie,
3. Index der durchschnittlichen Bruttowochenverdienste der Arbeiter in der Industrie und
4. Index der durchschnittlich bezahlten Wochenstunden der Arbeiter in der Industrie.

Zur Zeit werden in der (auf repräsentativer Basis durchgeführten) laufenden Verdienststatistik etwa 12,7% der Betriebe (mit in der Regel 10 und mehr Beschäftigten) in der Industrie und im Handel erfaßt.

Die Arbeiter und Angestellten werden (u. a. differenziert nach Geschlecht und 3 bis 5 Leistungsgruppen) in Beschäftigtengruppen eingeteilt. Von den Berichtsbetrieben sind lediglich die tatsächlich gezahlten Bruttoverdienste (Durchschnittseinkommen) bzw. die (durchschnittlich) bezahlten Wochenstunden je Beschäftigtengruppen (nicht je Beschäftigten) zu melden. Bei der Berechnung der angeführten Indexzahlen wird das Laspeyres-Verfahren benutzt.

So berechnet sich etwa der Index der durchschnittlichen Bruttostundenverdienste der Arbeiter in der Industrie wie folgt:

$$\sum_{i=1}^{n} \frac{v_i(t)}{v_i(o)} \cdot g_i \cdot 100 \quad \text{mit } g_i = \frac{v_i(o) \cdot A_i(o)}{\sum_{i=1}^{n} v_i(o) \cdot A_i(o)}$$

Es bezeichnen:

$i = 1, \ldots, n$: Zahl der betrachteten Arbeitergruppen,

$v_i(t)$ bzw. $v_i(o)$: durchschnittlicher Bruttostundenverdienst je Arbeiter (in der Gruppe i) in der Berichts- bzw. Basisperiode und

$A_i(o)$: durchschnittliche Zahl der Arbeiter (in der Gruppe i) in der Basisperiode.

Analog werden die übrigen Indizes der Effektivverdienste bzw. der Index der durchschnittlich bezahlten Wochenstunden der Arbeiter in der Industrie konstruiert.

Die Indizes der *Effektivverdienste* beschreiben somit die Veränderung der durchschnittlichen Bruttoverdienste unter Festschreibung der Verdienststruktur des Basisjahres.

Die *Bruttolohnsumme* bzw. die *Bruttogehaltssumme* ist im monatlichen Industriebericht definiert als Bruttosumme ohne Abgaben (Pflichtanteile) des Arbeitgebers zur Sozialversicherung einschließlich etwaiger Zuschläge und Zulagen. Nicht erfaßt werden Vergütungen, die als Spesenersatz betrachtet werden können, und zusätzliche (allgemeine) soziale Aufwendungen des Arbeitgebers.

5.2. *Indizes der Tarifverdienste*

Im Rahmen der Statistik der Tariflöhne und -gehälter berechnet das Statistische Bundesamt analog zu den Indizes der Effektivverdienste Indizes der tariflichen

- Stundenlöhne der Arbeiter,
- Wochenarbeitszeiten der Arbeiter,
- Wochenlöhne der Arbeiter,
- Monatsgehälter der Angestellten und
- Wochenarbeitszeiten der Angestellten.

Die Statistik der Tariflöhne und -gehälter basiert auf einer Auswahl von Tarifverträgen, die in jedem erfaßten Wirtschaftszweig etwa 75% der Beschäftigten erfassen (1970 bei den Arbeitern etwa 400 und bei den Angestellten etwa 240 Tarifverträge).

In den Indexzahlen werden für die betrachteten Leistungsgruppen lediglich die folgenden Tatbestände berücksichtigt:

- die tariflichen Grundlöhne in der höchsten tariflichen Altersstruktur und Ortsklasse bei den Arbeitern,
- die tariflichen Endgehälter in der höchsten tariflichen Ortsklasse bei den Angestelllten und
- die jeweils tariflich festgelegten Wochenarbeitszeiten.

Nicht erfaßt werden u. a. individuell vereinbarte tarifliche Zulagen (wie Überstunden- und Feiertagszuschläge, Erschwerniszulagen u. ä.) und einmalige tariflich vereinbarte Zahlungen (wie Urlaubsgeld, Weihnachtsgeld, Gratifikationen u. ä.).

In der Übersicht 18 sind ausgewählte empirische Ergebnisse der Effektiv- und Tarifverdienste zusammengestellt. Bei der Analyse ist zu beachten, daß die Angaben über die Bruttolohnsumme und die Bruttogehaltssumme dem monatlichen Industriebericht entstammen und die Indizes der Effektivverdienste und Tarifverdienste unterschiedlich abgegrenzt sind (Basis 1970).

	Meßzahl der		Index der tariflichen		Index der durchschnittl.	
	Bruttolohn-summe	Bruttoge-haltssumme	Stunden-löhne der Arbeiter	Monatsgeh. der Ange-stellten	Bruttostd.-verdienste d. Arbeiter	Bruttomon.-verdienste d. Angest.
1971	107,6	114,6	113,7	111,3	111,0	110,2
1972	113,0	126,1	124,5	121,0	120,9	119,9
1973	126,7	143,6	136,9	132,9	133,5	132,1

Übersicht 18: Ausgewählte empirische Ergebnisse der Effektiv- und Tarifverdienste

Beispiel

Über einen Vergleich der Wachstumsraten des Index der tariflichen Stundenlöhne der Arbeiter (1973: 10,0%) und des Index der durchschnittlichen Bruttostundenverdienste der Arbeiter (1973: 10,4%) werden mitunter Rückschlüsse auf das Ausmaß der übertariflichen Bezahlung (*„Lohndrift“*) gezogen. Dabei ist jedoch neben der unterschiedlichen Wirtschaftsbereichsgliederung der Indexzahlen das unterschiedliche methodische Vorgehen zu beachten. Zudem ist bei Wirtschaftszweiganalysen zu bedenken, daß Änderungen der Beschäftigtenstruktur (etwa Beschäftigungsverlagerungen zu Wirtschaftszweigen, die überproportional hohe Löhne und Gehälter zahlen) in den Indizes nicht erfaßt werden können.

Literaturhinweise

Decken, W. v. d.: Vergleich des Index der tariflichen Stundenlöhne mit dem Index der Bruttostundenverdienste, *in:* Wirtschaft und Statistik 1962, S. 578-581.

Grohmann, H.: Einkommensstatistik, *in: A. Blind* (Hrsg.): Umrisse einer Wirtschaftsstatistik, Hamburg 1966, S. 216-244.

Krupp, H.-J.: „Personelle" und „funktionelle" Einkommensverteilung, *in:* Jahrbücher für Nationalökonomie und Statistik 1967, S. 1-35.

Schulz, K.: Die Indizes der tariflichen Stundenlöhne, Monatsgehälter und Wochenarbeitszeiten auf Basis 1970, *in:* Wirtschaft und Statistik 1974, S. 760-762.

Skiba, R. (unter Mitarbeit von *H. Adam*): Das westdeutsche Lohnniveau zwischen den beiden Weltkriegen und nach der Währungsreform, Köln 1974.

Statistisches Bundesamt (Zeichnung: Kz./Ba.): Löhne – Gehälter (Die Indizes der Effektivverdienste und der bezahlten Wochenstunden – Neuberechnung für das Basisjahr 1970), *in:* Wirtschaft und Statistik 1972, S. 410-411.

6. Produktivitätsentwicklung

Arbeitsproduktivität Struktureffekt

Der volkswirtschaftliche Begriff der Produktivität wird in der Regel als Verhältnis von Produktionsergebnis (Mengenausstoß, Output) zu Produktionsfaktoreinsatz (Mengeneinsatz, Input) definiert und ist damit dem güterwirtschaftlichen Bereich zuzuordnen. Angesprochen ist die Effizienz des Einsatzes (die Nutzung) der Produktionsfaktoren.

Vom Begriff der Produktivität sind die Begriffe (des monetären Bereichs) der Rentabilität (etwa Umsatzrentabilität oder Eigenkapitalrentabilität) und Wirtschaftlichkeit (allgemein: Erlöse/Kosten) zu unterscheiden.

Auf Grund der Verfügbarkeit statistischer Informationen wird bei der kurzfristigen Analyse der Produktivitätsbegriff häufig in zweierlei Hinsicht eingeschränkt: einmal wird das Produktionsergebnis nur auf den Einsatz des Produktionsfaktors Arbeit bezogen, und zum anderen steht die (Arbeits-) Produktivitätsentwicklung in der Industrie im Mittelpunkt des Interesses.

Das Statistische Bundesamt berechnet monatlich „Arbeitsproduktivitätskennzahlen" für die Industrie (in der Abgrenzung des monatlichen Industrieberichts) in der Form von Indizes des Produktionsergebnisses je

- Beschäftigten,
- Arbeiter,
- Beschäftigtenstunde und
- Arbeiterstunde.

Dabei wird das Produktionsergebnis in der Industrie durch den Index der industriellen Nettoproduktion beschrieben und auf den Einsatz des Produktionsfaktors Arbeit bezogen (erfaßt durch Meßzahlen der Beschäftigten oder der geleisteten Beschäftigtenstunden, die überwiegend aus den Ergebnissen des monatlichen Industrieberichts berechnet werden).

Beispiel
Die Zahl der geleisteten Arbeiterstunden betrug nach den Angaben des monatlichen Industrieberichts 1970 1.020 Mill. Stunden. Unter Abstellung auf die in der Übersicht 17 erfaßte Zahl der geleisteten Arbeiterstunden für die Jahre 1971 bis 1973 ergibt sich für die Meßzahlen (Basis 1970) der Zahl der geleisteten Arbeiterstunden: 1971 = 95,8; 1972 = 91,6; 1973 = 91,1. Mit Hilfe der in der Übersicht 14 erfaßten Angaben über den Index der industriellen Nettoproduktion errechnet sich die „Arbeitsproduktivität" in der Industrie (Index des Produktionsergebnisses je geleistete Arbeiterstunde, Basis 1970) zu: 1971 = 106,1; 1972 = 114,6; 1973 = 122,6.

Bei der Berechnung der Indexzahlen des Produktionsergebnisses je Beschäftigtenstunde bzw. je Arbeiterstunde werden die entsprechenden kalendermonatlichen Werte des Index der industriellen Nettoproduktion benutzt, während bei der Berechnung der Indexzahlen des Produktionsergebnisses je Beschäftigten bzw. je Arbeiter auf die von Kalenderunregelmäßigkeiten bereinigten Werte des Index der industriellen Nettoproduktion abgestellt wird.

Bei der Benutzung der Indizes der „Arbeitsproduktivität" (etwa in der tarifvertraglichen Diskussion) sind insbesondere die folgenden Punkte zu beachten:

1. In die empirischen Ergebnisse gehen (wie bei den meisten Indexzahlen) Strukturveränderungen nicht ein. Hier ist insbesondere auf Veränderungen der Beschäftigtenstruktur innerhalb und zwischen den betrachteten Industriezweigen hinzuweisen. So können etwa ‚Arbeitsproduktivitätssteigerungen' in der gesamten Industrie dadurch ausgelöst werden, daß Beschäftigungsänderungen zugunsten der „arbeitsproduktiveren" Industriezweige (ohne „Arbeitsproduktivitätsänderungen" in den betrachteten Industriezweigen) stattfinden (*Struktureffekt* der Arbeitsproduktivität). Diese Strukturveränderungen können annäherungsweise dadurch ausgeschaltet werden, daß analog dem Laspeyres-Verfahren die Beschäftigtenstruktur der Industriezweige im Basisjahr oder analog dem Paasche-Verfahren die Beschäftigtenstruktur der Industriezweige im Berichtsjahr festgeschrieben wird. Damit wird die „Arbeitsproduktivitätsänderung" in 2 (gedankliche) Abschnitte („Arbeitsproduktivitätsänderung" und „Beschäftigungsänderung" bzw. umgekehrt) zerlegt.
2. Infolge der Verwendung von Ersatzreihen zur Fortschreibung des Index der industriellen Nettoproduktion kann (bei gleichbleibendem Einsatz des Produktionsfaktors Arbeit) das Produktionsergebnis in der Industrie durch den erhöhten Einsatz von Vorleistungen ansteigen.
3. „Arbeitsproduktivitätsänderungen" werden neben der Änderung des quantitativen Einsatzes der Beschäftigten u. a. durch Änderungen der Qualifikation der Beschäftigten, durch die Investitionstätigkeit und durch Rationalisierungsmaßnahmen beeinflußt.
4. Da der Index der industriellen Nettoproduktion u. a. durch Bruttomengen fortgeschrieben wird, können hier insbesondere Qualitätsänderungen nicht erfaßt werden.
5. Bei der kurzfristigen, monatlichen Berechnung von Indizes der Arbeitsproduktivität ist (insbesondere bei den Industriegruppen) zu beachten, daß häufig keine zeitliche Übereinstimmung zwischen dem Produktionsergebnis und dem Arbeitseinsatz besteht.

Literaturhinweise

Grohmann, H.: Die sachliche Bedeutung der Indexzerlegung bei Produktivitätsanalysen, *in:* Allgemeines Statistisches Archiv 1961, S. 201-221.

Meier, G.: Neuberechnung der Indizes des Produktionsergebnisses je Beschäftigten, je Beschäftigtenstunde, je Arbeiter und je Arbeiterstunde in der Industrie auf Basis 1962, *in:* Wirtschaft und Statistik 1968, S. 234-237.

Nourney, M.: Zum Struktureffekt bei Produktivitätsveränderungen, *in:* Allgemeines Statistisches Archiv 1961. S. 125-141.

Statistisches Bundesamt: Fachserie D (Industrie und Handwerk) Reihe 2, Sonderbeitrag, Stuttgart Mai 1975: Index der Arbeitsproduktivität für die Industrie auf Basis 1970, S. 29-35.

Werner, K.: Die Industriestatistik der Bundesrepublik Deutschland (2., erweiterte Auflage), Berlin 1965, Abschnitt 24.

7. Außenhandelsentwicklung

Generalhandel und Spezialhandel System der Grenzübergangswerte Außenhandelsvolumen Index der Durchschnittswerte und Index der Außenhandelspreise Terms-of-trade

Die gesamtwirtschaftliche Entwicklung wird in der Bundesrepublik Deutschland wesentlich durch den hohen Grad der außenwirtschaftlichen Verflechtung bestimmt. So betrug etwa 1972 der Anteil des Warenhandels der Bundesrepublik Deutschland am Weltwarenhandel für die Ausfuhr 11,3% und für die Einfuhr 9,4%. Der Warenhandel stellt jedoch nur eine Komponente des Außenhandels einer Volkswirtschaft dar, der in der Abgrenzung der Volkswirtschaftslehre neben dem Warenverkehr in der Regel auch den Dienstleistungsverkehr umfaßt.

7.1. Abgrenzungen

Die Außenhandelsstatistik der Bundesrepublik Deutschland wird zentral durch das Statistische Bundesamt geführt. Sie hat die Aufgabe, den grenzüberschreitenden *Warenverkehr* der Bundesrepublik Deutschland mit dem Ausland mengen- und wertmäßig zu erfassen und nach Waren und Ländern zu gliedern. Die Außenhandelsstatistik ist die größte und teuerste, zentral geführte Statistik des Statistischen Bundesamtes und basiert auf den Ein- und Ausfuhranmeldungen (1973 etwa 1,7 Mill. Anmeldepapiere). Aus Gründen der Arbeitserleichterung und der Kostenersparnis wird von den folgenden Arbeitserleichterungen ausgegangen:

- ab Januar 1962 sind alle Sendungen mit einem Wert bis zu 50 DM von der Anmeldung befreit;
- bei allen Sendungen mit einem Wert bis zu 300 DM wird für die Ausfuhr seit 1958 und für die Einfuhr seit 1965 das „Dopplungsverfahren" benutzt. Dies bedeutet, daß alle Fälle mit einem Wert unter 300 DM nicht erfaßt und alle Fälle mit einem Wert zwischen 300 und 500 DM mit ausgewählten „Hochrechnungsfaktoren" multipliziert werden.
- Ab Januar 1974 ist die „Befreiungsgrenze" auf 300 DM angehoben und in der Folge das „Dopplungsverfahren" eingestellt worden. Eine Rückrechnung für 1973 zeigt, daß durch die Erhöhung der Befreiungsgrenze in diesem Jahr auf der Einfuhrseite 300 Mill. DM und auf der Ausfuhrseite 900 Mill. DM statistisch nicht erfaßt worden wären.

Das *Erhebungsgebiet* der Außenhandelsstatistik umfaßt das Staatsgebiet der Bundesrepublik Deutschland einschließlich Westberlin, wobei aus Gründen der zolltechnischen Überwachung die österreichischen Gemeinden Jungholz und Mittelberg in das Erhebungsgebiet einbezogen werden (Zollanschlußgebiete, Enklaven) und die an der schweizerischen Grenze gelegenen Gemeinden Büsingen und Büttenhardter Höfe nicht zum Erhebungsgebiet zählen (Zollausschlußgebiete, Exklaven).

Ausland im Sinne der Außenhandelsstatistik der Bundesrepublik Deutschland ist das Gebiet außerhalb des Erhebungsgebietes und außerhalb der Deutschen Demokratischen Republik einschließlich Ostberlin. Der Warenverkehr mit der Deutschen Demokratischen Republik und mit Ostberlin ist demnach in der Außenhandelsstatistik nicht enthalten. Er wird in einer gesonderten Statistik nachgewiesen.

Vom Begriff des Erhebungsgebietes ist der Begriff des *Zollgebietes* zu unterscheiden. Ausgehend von zollrechtlichen Definitionen zählen zum Bereich des Zollgebietes die Zollager und die Zollfreigebiete, also Gebietsteile, die innerhalb des Erhebungsgebietes und außerhalb des *Zollinlandes* liegen.

Zu den Zollfreigebieten zählen insbesondere die Insel Helgoland, die Freihäfen Hamburg, Bremen, Bremerhaven, Cuxhaven, Emden und Kiel und die Zollfreigebiete der Flughäfen.

Der gesamte grenzüberschreitende Warenverkehr wird in Einfuhr, Ausfuhr, Durchfuhr und Zwischenauslandsverkehr unterteilt.

Dabei wird in der Außenhandelsstatistik unter *Durchfuhr* die direkte Beförderung von Waren aus dem Ausland durch das Erhebungsgebiet in das Ausland verstanden, ohne daß im Erhebungsgebiet eine zollrechtliche Anmeldung erfolgt. Die Durchfuhr wird in der Außenhandelsstatistik gesondert (mengenmäßig) erfaßt und nachgewiesen. Der *Zwischenauslandsverkehr* umfaßt die direkte Beförderung von Waren aus dem Erhebungsgebiet durch das Ausland in das Erhebungsgebiet. Er wird in der Außenhandelsstatistik nicht erfaßt.

Unter wirtschaftlichen Gesichtspunkten scheint eine Unterteilung der *Einfuhr* und der *Ausfuhr* in direkte Einfuhr bzw. Ausfuhr und Lagerverkehr zweckmäßig zu sein.

In der außenhandelsstatistischen Abgrenzung erfaßt die *direkte Einfuhr* die unmittelbare Beförderung von Waren aus dem Ausland in das Zollinland, die *direkte Ausfuhr* die unmittelbare Beförderung von Waren aus dem Zollinland in das Ausland. Die wirtschaftsstatistische Definition des *Lagerverkehrs* geht von zollrechtlichen Bestimmungen aus, die sich in der Vergangenheit (auch durch den Einfluß der Europäischen Gemeinschaften) häufig geändert haben. Im Rahmen des Lagerverkehrs werden alle auf Zollager eingeführten ausländischen Waren erfaßt, wobei eine Gliederung erfolgt in Einfuhr *auf* Lager, Einfuhr *aus* Lager und Ausfuhr *aus* Lager. Die Einfuhr auf Lager umfaßt die Einfuhr ausländischer Waren auf deutsche Zollager, während in der Einfuhr aus Lager die Einfuhr ausländischer Waren aus dem Zollager in das Zollinland nachgewiesen wird. Die Ausfuhr aus Lager bezieht sich auf die „Wiederausfuhr" ausländischer Waren aus Zollager.

Bei der Gegenüberstellung der statistischen Ergebnisse des Lagerzugangs (Einfuhr auf Lager) und des Lagerabgangs (Einfuhr aus Lager und Ausfuhr aus Lager) ist zu beachten, daß

- Abfälle, Proben und Fehlmengen statistisch nicht berücksichtigt werden, daß
- Waren umbenannt werden können, und daß
- Lagerzugänge und Lagerabgänge häufig unterschiedlichen Berichtszeiträumen angehören.

In der Übersicht 19 sind die angeführten Abgrenzungen des grenzüberschreitenden Warenverkehrs in der Außenhandelsstatistik der Bundesrepublik Deutschland schematisch dargestellt.

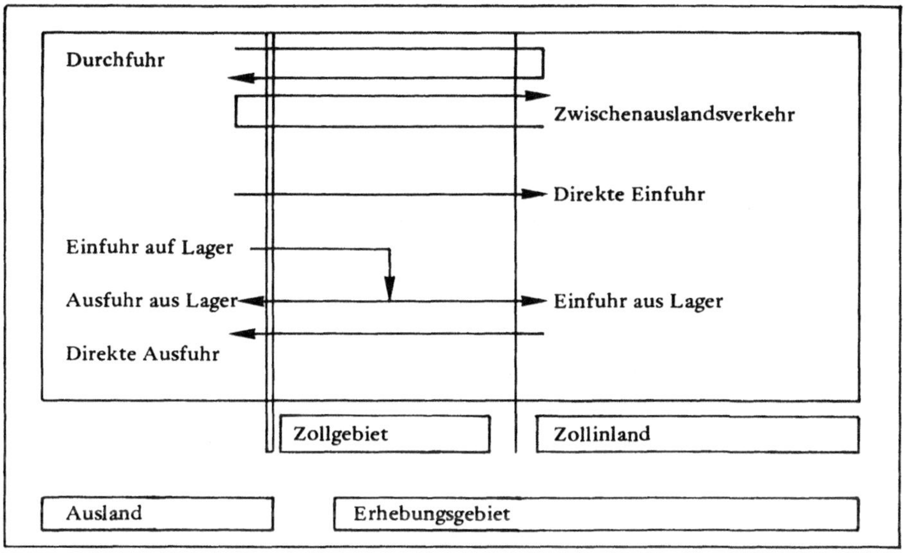

Übersicht 19: Abgrenzungen des Warenverkehrs in der Außenhandelsstatistik

Der Umfang des grenzüberschreitenden Warenverkehrs, der sich nach Abzug der Durchfuhr und des Zwischenauslandsverkehrs ergibt, wird in der Außenhandelsstatistik als *Generalhandel* bezeichnet.

Der Generalhandel erfaßt die Warenströme an der Grenze des Erhebungsgebietes. Zur Einfuhr in der Abgrenzung des Generalhandels zählen demnach die direkte Einfuhr (zum Zeitpunkt des Grenzübertritts) und die Einfuhr auf Lager (zum Zeitpunkt ihrer Einlagerung), zur Ausfuhr die direkte Ausfuhr (zum Zeitpunkt des Grenzübertritts) und die Ausfuhr aus Lager (zum Zeitpunkt der Wiederausfuhr). Der Generalhandel hat die Aufgabe, die Außenhandelsverflechtung einer Volkswirtschaft statistisch zu erfassen.

Neben dem Nachweis der Einfuhr und der Ausfuhr im Rahmen des Generalhandels spielt in der Außenhandelsstatistik der Bundesrepublik Deutschland das Konzept des *Spezialhandels* eine besondere Rolle.

Der Spezialhandel erfaßt die Warenströme an der Grenze des Zollinlandes. Zur Einfuhr wird hier die direkte Einfuhr (zum Zeitpunkt des Grenzübertritts) und die Einfuhr aus Lager (zum Zeitpunkt der Einfuhr) zusammengefaßt, zur Ausfuhr zählt die direkte Ausfuhr (zum Zeitpunkt des Grenzübertritts). Der Spezialhandel soll die Waren nachweisen, die aus der Erzeugung oder Weiterverarbeitung des Erhebungsgebietes stammen und die ausgeführt werden bzw. die Waren, die zur Weiterverarbeitung, zum Gebrauch oder Verbrauch in das Erhebungsgebiet eingeführt werden.

Der *Wertansatz* bezieht sich in der Außenhandelsstatistik grundsätzlich auf den Grenzübergangswert der Waren, d. h. auf den im freien Wettbewerb zwischen voneinander unabhängigen Vertragspartnern abgeschlossenen Verkaufspreis („normaler Preis“) einschließlich der angefallenen Vertriebs- und Versicherungskosten. Einfuhr- bzw. Ausfuhrabgaben sind im Grenzübergangswert nicht enthalten.

Im Seeverkehr ist somit für die Einfuhr der cif-Wert (cost, insurance, freight) und für die Ausfuhr der fob-Wert (free on board) anzusetzen. Das *System der Grenzübergangswerte* führt dazu, daß die Einfuhrwerte im Vergleich zu den Ausfuhrwerten zu hoch ausgewiesen werden. Der zusätzliche (Dienstleistungs-)Wertanteil der Einfuhr beträgt im Durchschnitt 5 bis 8 %.

Im Rahmen des *Ländernachweises* wird unterschieden zwischen Herstellungs- und Verbrauchsländern sowie zwischen Einkaufs- und Käuferländern. Die *Gliederung* bzw. der Nachweis der Ergebnisse erfolgt (entsprechend den Bedürfnissen der Benutzer) nach unterschiedlichen Systematiken, wie dem Internationalen Warenverzeichnis für die Außenhandelsstatistik, dem Systematischen Warenverzeichnis für die Industriestatistik (etwa 40 Warengruppen bzw. -zweige) und nach etwa 200 Untergruppen der Ernährungswirtschaft und der Gewerblichen Wirtschaft.

Bei einem Vergleich der Ergebnisse der Außenhandelsstatistik nach der Gliederung des Systematischen Warenverzeichnisses für die Industriestatistik (vgl. S. 17) mit den Ergebnissen der Industriestatistik (vgl. S. 22) etwa über die Produktion oder den Auslandsumsatz ist insbesondere das unterschiedliche methodische Vorgehen (etwa in bezug auf den Wertansatz, den Kreis der Auskunftspflichtigen u. ä.) zu beachten.

7.2. *Außenhandelswerte, Außenhandelsvolumen und Außenhandelsindizes*

Im Rahmen der Außenhandelsstatistik der Bundesrepublik Deutschland (vgl. auch S. 23) beziehen sich die veröffentlichten Außenhandelswerte, Außenhandelsvolumen und Außenhandelsindizes grundsätzlich auf den Spezialhandel. Neben den tatsächlichen (nominalen) *Werten* [für eine Warenposition i: $p_i(t) \cdot q_i(t)$] werden *Volumina* berechnet, indem die jeweiligen Mengen der Berichtsperiode mit den Durchschnittspreisen des Basisjahres multipliziert werden, d. h. es wird nicht von den Einzelpreisen des Basisjahres ausgegangen [für eine Warenposition i: $p_i(o) \cdot q_i(t)$]. Mit Hilfe dieser tatsächlichen Werte und Volumina erfolgt über einen Summenvergleich die Ermittlung der folgenden Indizes jeweils für die Einfuhr und die Ausfuhr (der hier nicht notierte Summationsindex läuft über etwa 7.500 Warennummern des Warenverzeichnisses für die Außenhandelsstatistik, Basisjahr 1970):

1. *Index der tatsächlichen Werte* (Wertindex)
   $[\Sigma\, p(t) \cdot q(t) \,/\, \Sigma\, p(1970) \cdot q(1970)] \cdot 100$
2. *Index des Volumens* (Mengenindexzahl nach Laspeyres)
   $[\Sigma\, p(1970) \cdot q(t) \,/\, \Sigma\, p(1970) \cdot q(1970)] \cdot 100$
3. *Index der Durchschnittswerte* („Preis-“indexzahl nach Paasche)
   $[\Sigma\, p(t) \cdot q(t) \,/\, \Sigma\, p(1970) \cdot q(t)] \cdot 100$

Der Index der Durchschnittswerte kann auch als Quotient aus dem Index der tatsächlichen Werte und dem Index des Volumens berechnet werden (vgl. S. 36). Er erfaßt neben den Preisveränderungen u. a. Veränderungen der Zahlungs- und Lieferbedingungen, Qualitätsveränderungen und Sortimentsveränderungen.

Im Rahmen der Preisstatistik werden zusätzlich *Indizes der Ausfuhrpreise* und *Indizes der Einfuhrpreise* (Basis 1970) zur Verfügung gestellt.

Sie unterscheiden sich von den Durchschnittswertindizes wie folgt: Indizes der Ausfuhr- bzw. der Einfuhrpreise werden nach dem Laspeyres-Verfahren berechnet, die erfaßten Preise (Durchschnittspreise auf Grund aller Vertragsabschlüsse im Berichtsmonat) beziehen sich auf den Zeitpunkt des Vertragsabschlusses und auf den Preisstand beim Grenzübergang (vgl. S. 23).

In der Übersicht 20 sind ausgewählte empirische Ergebnisse der Außenhandelsentwicklung zusammengestellt.

		Basis	1970	1971	1972	1973
Tatsächliche Werte in Mrd. DM	Einfuhr	–	109,606	120,119	128,744	145,417
	Ausfuhr	–	125,276	136,011	149,023	178,396
Volumen in Mrd. DM	Einfuhr	1970	109,606	121,278	133,471	141,646
	Ausfuhr	1970	125,276	132,642	144,343	166,995
Volumenindex	Einfuhr	1970	100,0	110,7	121,8	129,2
	Ausfuhr	1970	100,0	105,9	115,2	133,3
Durchschnittswertindex	Einfuhr	1970	100,0	99,0	96,5	102,7
	Ausfuhr	1970	100,0	102,5	103,2	106,8
Index der Einfuhrpreise (gesamt)		1970	100,0	100,4	99,8	112,6
industrielle Erzeugnisse (Gewicht: 0,85612)		1970	100,0	100,8	99,6	110,9
Index der Ausfuhrpreise (gesamt)		1970	100,0	103,4	105,5	112,3
industrielle Erzeugnisse (Gewicht: 0,98604)		1970	100,0	103,4	105,4	112,1

Übersicht 20: Ausgewählte empirische Ergebnisse zur Außenhandelsentwicklung

Beispiel

Ausgehend von den Angaben in der Übersicht 20 beträgt der *Ausfuhrüberschuß* (Ausfuhr ./. Einfuhr) unter Abstellung auf die tatsächlichen Werte 1973 32,979 Mrd. DM (analog können die Volumina benutzt werden).

Beispiel

Für den Index der tatsächlichen Werte (Ausfuhr) ergibt sich (über die tatsächlichen Werte oder den Volumenindex und den Durchschnittswertindex): 1971 = 108,6; 1972 = 119,0 und 1973 = 142,4.

Über eine Berechnung der Wachstumsraten des Index der Einfuhrpreise (1973 12,8%) wird mitunter näherungsweise auf das Ausmaß der importierten Inflation geschlossen. Dabei ist jedoch zu bedenken, daß bei Preisänderungen von Gütern, die preisregulierenden Marktordnungen im Rahmen der Europäischen Gemeinschaften unterliegen, nicht in jedem Fall das inländische Preisniveau beeinflußt wird.

Zur Quantifizierung der „Außenhandelsvorteile" (oder der „Außenhandelsnachteile") wird häufig das *warenmäßige Austauschverhältnis* (net-barter-terms-of-trade) betrachtet: (Ausfuhrpreisindex/Einfuhrpreisindex)·100.

Hier wird anhand der (isolierten) Außenhandelspreisentwicklung untersucht, ob für den Erlös der exportierten Waren mehr oder weniger Waren importiert werden können. Das warenmäßige Austauschverhältnis sollte jedoch nur mit Vorbehalten als Außenhandelsvorteil oder -nachteil interpretiert werden, da neben der isolierten Preisbetrachtung insbesondere das methodische Vorgehen bei der Konstruktion der Indexzahlen zu beachten ist.

In der Volkswirtschaftslehre erfolgt häufig zusätzlich eine Analyse des Bruttoaustauschverhältnisses und des Einkommensaustauschverhältnisses. Das *Bruttoaustauschverhältnis* (gross-barter-terms-of-trade) ist wie folgt definiert: (Volumenindex der Ausfuhr/Volumenindex der Einfuhr)·100 und das *Einkommensaustauschverhältnis* (income-terms-of-trade): (Volumenindex der Ausfuhr · Ausfuhrpreisindex) / Einfuhrpreisindex.

Beispiel
Mit Hilfe der Angaben in der Übersicht 20 errechnet sich für 1973:
1. net-barter-terms-of-trade: 99,7
2. gross-barter-terms-of-trade: 103,2
3. income-terms-of-trade: 132,9.

Zusätzlich zum Index der Erzeugerpreise industrieller Produkte (Inlandsabsatz) berechnet das Statistische Bundesamt einen Index der Erzeugerpreise industrieller Produkte (Gesamtabsatz) als gewichtetes arithmetisches Mittel des Index der Erzeugerpreise industrieller Produkte (Inlandsabsatz) und des Index der Verkaufspreise für Ausfuhrgüter, wobei die Gewichtung über den Inlandsumsatz bzw. den Auslandsumsatz der Industrie erfolgt. Auch hier ist bei der Benutzung neben den unterschiedlichen Abgrenzungen das jeweilige methodische Vorgehen in den angeführten Statistiken zu beachten.

Beispiel
Für 1973 berechnen sich die Gewichte (Übersicht 11, Gesamtumsatz in der Verarbeitenden Industrie und im Bergbau: 667,0 Mrd. DM) zu: 0,785 (Inlandsumsatz) und 0,215 (Auslandsumsatz). Der Index der Erzeugerpreise industrieller Produkte beträgt für 1973 114,1 (Übersicht 10,Industrieerzeugnisse gesamt) und der Index der Verkaufspreise für Ausfuhrgüter 112,1 (Übersicht 20, industrielle Erzeugnisse).

Damit ergibt sich für den Index der Erzeugerpreise industrieller Produkte (Gesamtabsatz) für 1973 113,7.

Literaturhinweise

Bergmann, W.: Außenhandelsvolumen und Außenhandelsindizes auf Basis 1970, *in*: Wirtschaft und Statistik 1974, S. 823-831.

Hartwig, H.: Indexzahlen für den Außenhandel, *in*: *A. Blind* (Hrsg.): Umrisse einer Wirtschaftsstatistik, Hamburg 1966, S. 167-180.

Jung, J.: Methodische Änderungen in der Außenhandelsstatistik ab 1974, *in*: Wirtschaft und Statistik 1974, S. 76-82.

Mordi, O.: Zur Quantifizierung des Terms-of-trade-Effekts, *in*: Statistische Hefte 1971, S. 37–46.

Rostin, W.: Die Indizes der Außenhandelspreise auf Basis 1970, *in*: Wirtschaft und Statistik 1974, S. 387-394.

Schlüter, K. H.: Außenhandel und Statistik, Stuttgart 1967.

Schmidt, P. und *K. H. Schlüter*: Zur Außenhandelsstatistik der Bundesrepublik Deutschland (Entwicklung und Ausblick), *in*: *A. Blind* (Hrsg.): Umrisse einer Wirtschaftsstatistik, Hamburg 1966, S. 146-166.

C. Volkswirtschaftliche Gesamtrechnungen

Volkswirtschaftliche Gesamtrechnungen sollen einen überschaubaren zahlenmäßigen Gesamtüberblick über die wirtschaftliche Entwicklung einer Volkswirtschaft für eine abgelaufene Periode ermöglichen. Sie stellen eine Zusammenführung von kreislauftheoretischen Vorstellungen und Sozialproduktberechnungen dar.

Volkswirtschaftliche Gesamtrechnungen sind ein wichtiges Instrument der gesamtwirtschaftlichen Analyse (nationale Buchführung) und Prognose (Nationalbudget). Sie liefern zudem die wichtigsten „Eckdaten" für die Wirtschaftspolitik.

1. Kreislaufdarstellungen

Aggregate und Sektoren Ein- und zweiseitige Buchungssysteme Konten- und Matrixdarstellung Geschlossener Kreislauf

1.1. Buchungssysteme

Kreislauftheoretische Untersuchungen gehen von der Vorstellung aus, daß sich der Wirtschaftsablauf einer Periode durch die Erfassung der ökonomischen Tätigkeiten adäquat beschreiben läßt.

Ökonomische Tätigkeiten umfassen in marktwirtschaftlichen Wirtschaftssystemen den Marktaustausch von Gütern und Dienstleistungen sowie von Forderungen.

Um zu überschaubaren Darstellungen zu gelangen, sind gleichartige ökonomische Vorgänge zu Strömen (*Aggregaten*) und die jeweils beteiligten Wirtschaftssubjekte zu Polen (*Sektoren*) zusammenzufassen. Die Art und das Ausmaß der Zusammenfassung (Aggregation) hängen ab von wirtschaftspolitischen und wirtschaftstheoretischen Zielvorstellungen.

Für die Wirtschaftssubjekte wird gewöhnlich eine „Mindesteinteilung" in die Sektoren Unternehmen, Staat und private Haushalte vorgenommen. Zum Sektor „*Unternehmen*" zählen alle Institutionen, die überwiegend Waren und Dienstleistungen produzieren und zu einem Preis anbieten, der mindestens die Kosten deckt. Der Sektor „*Staat*" umfaßt alle Institutionen, die überwiegend aus Zwangsabgaben finanziert werden und die spezielle Dienstleistungen für die Allgemeinheit erbringen (besondere Bedeutung kommt dem Sektor Staat bei der Umverteilung von Einkommen und Vermögen zu). Der Sektor „*Private Haushalte*" faßt alle Wirtschaftssubjekte zusammen, die primär als Anbieter von Arbeitskraft und/oder als Käufer von Gebrauchs- und Verbauchsgütern charakterisiert werden können.

Wirtschaftliche Tätigkeiten lassen sich in *reale* Ströme (wie etwa Produktion, Verteilung und Verwendung von Waren und Dienstleistungen) und in *monetäre* Ströme (wie etwa die Entstehung, Verteilung und Verwendung von Einkommen) einteilen, die jeweils mit bestimmten wirtschaftlichen Vorgängen (wie etwa Realtausch, Kauf bzw. Verkauf oder Übertragung ohne Gegenleistung) verbunden sind.

So kann etwa der Kauf eines Gutes gegen Barzahlung wie folgt vollständig beschrieben werden:

	Verkäufer	*Käufer*
realer Strom (Übergabe des Gutes)	Verkauf (1)	Kauf (2)
monetärer Strom (Bezahlung des Gutes)	Zahlungseingang (3)	Zahlungsausgang (4)

Zur vollständigen Beschreibung dieses wirtschaftlichen Vorgangs sind demnach 4 Buchungen erforderlich. In der Praxis erfolgt jedoch in der Regel eine zweifache (doppelte) Buchung, wobei zwischen *einseitigen* (bzw. offenen) und *zweiseitigen* (bzw. geschlossenen) *Buchungssystemen* zu unterscheiden ist.

Buchungssysteme heißen offen oder einseitig, wenn lediglich die nur ein Wirtschaftssubjekt betreffenden Ströme (Buchungen) erfaßt werden [(1) und (3) oder (2) und (4)]. Bei zweiseitigen Buchungssystemen erfolgt in der Regel eine Erfassung des (bewerteten) realen oder des monetären Stroms bei beiden an einem wirtschaftlichen Vorgang beteiligten Wirtschaftssubjekten [(1) und (2) oder (3) und (4)].

In den *Volkswirtschaftlichen Gesamtrechnungen* erfolgt überwiegend eine zweiseitige und doppelte (zweifache) Erfassung (Verbuchung) der *monetären Ströme* [(3) und (4)]. Die entsprechenden Einkommens- oder Zahlungsströme werden dabei überwiegend dem Zeitpunkt des Entstehens einer Forderung oder Verbindlichkeit zugeordnet.

Im Rahmen der betriebswirtschaftlichen (doppelten) Buchhaltung werden die realen und die monetären Ströme für jeweils ein Wirtschaftssubjekt erfaßt [(1) und (3) bzw. (2) und (4)], während bei der Erstellung von Input-Output-Tabellen in der Regel die realen Ströme betrachtet werden [(1) und (2)].

1.2. Darstellungsformen

Wirtschaftliche Kreisläufe, die den laufenden Austausch von Gütern, Dienstleistungen und Forderungen zwischen Wirtschaftssubjekten in aggregierter Form veranschaulichen, lassen sich darstellen in

- Kontenform,
- Kreislaufform,
- Matrixform oder
- Gleichungsform.

Bei der *Kontendarstellung* werden die Einkommen (bzw. Zahlungseingänge) üblicherweise auf der rechten Kontoseite erfaßt, während die Ausgaben (bzw. Zahlungsausgänge) auf der linken Kontoseite verbucht werden.

In der *Matrixnotation* werden die Ausgaben (bzw. Zahlungsausgänge) in der Regel zeilenweise und die Einkommen (bzw. Zahlungseingänge) spaltenweise angeordnet.

Beispiel

In einer abgelaufenen Periode sind die folgenden wirtschaftlichen Vorgänge beobachtet worden:

1. Die Unternehmen (U) zahlen an die privaten Haushalte (H) Löhne und Gehälter (Y) in Höhe von 50 Mill. DM.
2. Die privaten Haushalte (H) kaufen von den Unternehmen (U) Konsumgüter (C) in Höhe von 40 Mill. DM und sparen (S) 10 Mill. DM.
3. Die Unternehmen (U) nehmen (Netto-)Investitionen (I) in Höhe von 10 Mill. DM vor.

Zur Darstellung der Investitionstätigkeit und ihrer Finanzierung wird in der Regel ein (fiktiver) Sektor „Vermögensbildung" (V) konstruiert. Damit läßt sich dieser „Kreislauf" in der *Kontenform* wie folgt darstellen:

U			
Y	50	C	40
		I	10
	50		50

H			
C	40	Y	50
S	10		
	50		50

V			
I	10	S	10
	10		10

In der *Gleichungsform* gilt:

U: $Y = C + I$

H: $Y = C + S$

V: $I = S$

Die Gleichung für (U) wird auch als (Einkommens-)Entstehungsgleichung, die für (H) als (Einkommens-)Verwendungsgleichung und die für (V) als Vermögensänderungsgleichung bezeichnet.

Die betrachteten wirtschaftlichen Vorgänge lassen sich in *Kreislaufform* und in *Matrixform* wie folgt darstellen:

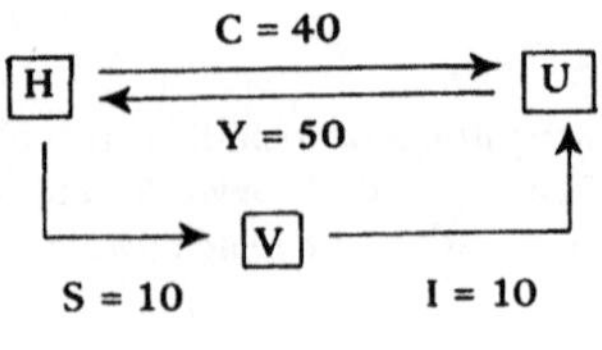

und

	U	H	V	Σ
U	–	50	–	50
H	40	–	10	50
V	10	–	–	10
Σ	50	50	10	

Wirtschaftliche Kreisläufe werden als *geschlossen* bezeichnet, wenn für jeden Sektor die Wertsumme der einfließenden Ströme gleich der Wertsumme der ausfließenden Ströme ist. Allgemein gilt: ein n-poliger Kreislauf ist immer dann geschlossen, wenn er für n-1 Pole geschlossen ist.

2. Sozialproduktberechnungen

Inlands- und Sozialprodukt Bruttosozialprodukt Wertschöpfung Volkseinkommen

Sozialproduktberechnungen sind (im Rahmen der Volkswirtschaftlichen Gesamtrechnungen) primär unter dem Aspekt der Erfassung der wirtschaftlichen Leistung einer Volkswirtschaft entwickelt worden. Ausgangspunkt der Berechnung ist in der Regel der Wert der von inländischen Wirtschaftssubjekten in einer abgelaufenen Periode produzierten Güter- und Dienstleistungen (Bruttoproduktionswert, vgl. S. 60). Bereinigt man den Bruttoproduktionswert um die (sachlichen) Doppelzählungen, d. h. den Wert der Güter und Dienstleistungen, die im Berichtszeitraum insgesamt verbraucht worden sind (Vorleistungen insgesamt) so ergibt sich das *Bruttoinlandsprodukt* (zu Marktpreisen)

Bruttoproduktionswert
– Vorleistungen (insgesamt)
= Bruttoinlandsprodukt (zu Marktpreisen)

Ausgehend vom Bruttoinlandsprodukt (zu Marktpreisen) lassen sich weitere „Produktgrößen" durch die unterschiedliche Anwendung der folgenden Konzepte bilden:

- Brutto- bzw. Nettokonzept,
- Inlands- bzw. Inländerkonzept und
- Marktpreis- bzw. Faktorpreiskonzept.

Nettoprodukte ergeben sich nach dem Abzug der Abschreibungen von den Bruttoprodukten.

Die Abschreibungen (in den Volkswirtschaftlichen Gesamtrechnungen) sollen die in der abgelaufenen Periode aufgetretene Wertminderung des (reproduzierbaren) Anlagevermögens erfassen. Sie verteilen die Anlageinvestitionen der einzelnen Perioden linear auf die erwartete Nutzungsdauer. Die so ermittelten Abschreibungen werden mit Wiederbeschaffungspreisen bewertet.

Das *Inlandsprodukt* umfaßt die im Inland (unter Beteiligung inländischer und ausländischer Produktionsfaktoren) entstandenen Erwerbs- und Vermögenseinkommen. Bei gesamtwirtschaftlichen Untersuchungen wird jedoch überwiegend das Inländerprodukt (bzw. *Sozialprodukt*) betrachtet, das die volkswirtschaftliche Leistung an der Höhe der Erwerbs- und Vermögenseinkommen mißt, die Inländern in der abgelaufenen Periode zugeflossen sind. Das Sozialprodukt errechnet sich wie folgt:

	Inlandsprodukt
–	in der Inlandsproduktion entstandene Erwerbs- und Vermögenseinkommen, die in das Ausland geflossen sind
+	in der Auslandsproduktion entstandene Erwerbs- und Vermögenseinkommen, die inländische Wirtschaftssubjekte empfangen haben
=	Sozialprodukt

In der Übersicht 21 wird der angesprochene Zusammenhang veranschaulicht.

	Inlandsprodukt	
In der Ausl.-produktion entstandenes Einkommen von Inländern	In der Inl.-produktion entstandenes Einkommen von Inländern	In der Inl.-produktion entstandenes Einkommen von Ausländern
Sozialprodukt		

Übersicht 21: Inlands- und Inländerprodukt

Das Inlands- bzw. das Inländerkonzept findet nicht nur bei der Unterscheidung von Einkommensbegriffen in der Wirtschaftsstatistik Anwendung, sondern auch bei der Einteilung der Käufe für den privaten Verbrauch oder etwa der Einteilung der Erwerbstätigen. Bei den Käufen für den privaten Verbrauch werden durch das Inlandskonzept alle bei inländischen Wirtschaftseinheiten erfolgten Käufe für den privaten Verbrauch (durch Inländer oder Ausländer) und durch das Inländerkonzept alle Käufe der inländischen privaten Haushalte (im Inland oder im Ausland) erfaßt. Nach dem Inlandskonzept zählen zu den Erwerbstätigen alle bei inländischen Wirtschaftseinheiten beschäftigten Inländer oder Ausländer (Arbeitskonzept) und nach dem Inländerkonzept alle erwerbstätigen Inländer (Wohnortkonzept).

Inlands- und Sozialproduktgrößen können zu *Marktpreisen* oder zu *Faktorkosten* bewertet werden. Mit dem Übergang vom Marktpreiskonzept zum Faktorpreiskonzept wird der Umverteilungstätigkeit des Staates (über die Subventionen und die indirekten Steuern) Rechnung getragen.

	Produkt (zu Marktpreisen bewertet)
–	indirekte Steuern
+	Subventionen
=	Produkt (zu Faktorkosten bewertet)

Zu den *indirekten Steuern* zählen alle Steuern und Abgaben, die durch den Staat bei den Produzenten von Gütern und Dienstleistungen erhoben werden und die bei der Gewinnermittlung abzugsfähig sind (Mehrwertsteuer, Grunderwerbssteuer, Zölle, Verbrauchssteuern u. ä.).

Zu den *Subventionen* rechnen alle Zahlungen des Staates an Produzenten von Waren und Dienstleistungen zur Beeinflussung der Marktpreise, der Produktion oder der Einkommen.

Auf der Grundlage der 3 angeführten Konzepte können im Rahmen der Volkswirtschaftlichen Gesamtrechnungen etwa die folgenden Größen ermittelt werden:

Inländerkonzept		Inlandskonzept		
Bruttosozialprodukt zu Marktpreisen	=	Bruttoinlandsprodukt zu Marktpreisen	±	Saldo der Einkommen Inl./Ausl.
– Abschreibungen		– Abschreibungen		
Nettosozialprodukt zu Marktpreisen	=	Nettoinlandsprodukt zu Marktpreisen	±	Saldo der Einkommen Inl./Ausl.
– indirekte Steuern		– indirekte Steuern		
+ Subventionen		+ Subventionen		
Nettosozialprodukt zu Faktorkosten *(Volkseinkommen)*	=	Nettoinlandsprodukt zu Faktorkosten *(Wertschöpfung)*	±	Saldo der Einkommen Inl./Ausl.

Analog kann etwa das Bruttosozialprodukt zu Faktorkosten oder das Bruttoinlandsprodukt zu Faktorkosten berechnet werden.

Bei gesamtwirtschaftlichen Untersuchungen stehen gewöhnlich das Bruttosozialprodukt (zu Marktpreisen), die Wertschöpfung (Nettoinlandsprodukt zu Faktorkosten) und das Volkseinkommen (Nettosozialprodukt zu Faktorkosten) im Mittelpunkt der Betrachtung.

Das Bruttosozialprodukt (zu Marktpreisen) gilt als umfassender Indikator der wirtschaftlichen Leistung einer Volkswirtschaft für eine abgelaufene Periode. Die Wertschöpfung umfaßt die in der Inlandsproduktion entstandenen Einkommen, während das Volkseinkommen auf die Einkommen abstellt, die Inländern letztlich zugeflossen sind.

Literaturhinweise

Bombach, G.: Kreislauftheorie und Volkswirtschaftliche Gesamtrechnung, *in:* Jahrbuch für Sozialwissenschaft 1960, S. 217–242 und S. 331–350.

Hüfner, W.: Einheitliche Sozialproduktsberechnungen für die Länder der Bundesrepublik Deutschland, *in:* Allgemeines Statistisches Archiv 1958, S. 181–196.

Jostock, P.: Von den ersten Volkseinkommensberechnungen bis zur Volkswirtschaftlichen Gesamtrechnung, *in:* Allgemeines Statistisches Archiv 1952, S. 130–140.

Krelle, W.: Volkswirtschaftliche Gesamtrechnung einschließlich input-output-Analyse mit Zahlen für die Bundesrepublik Deutschland, 2. Auflage, Berlin 1967, Kapitel 1 und 2.

Schmedtje, J.: Sozialprodukt und Volkseinkommen (Einige grundsätzliche Erläuterungen über Begriffe und Berechnungsmethoden), *in:* Wirtschaft und Statistik 1952, S. 479–481.

Schneider, E.: Einführung in die Wirtschaftstheorie, I. Teil: Theorie des Wirtschaftskreislaufs, 12. Auflage, Tübingen 1965.

Stobbe, A.: Volkswirtschaftliches Rechnungswesen, 3. Auflage, Berlin, Heidelberg und New York 1972.

3. Volkswirtschaftliche Gesamtrechnungen für die Bundesrepublik Deutschland

Entstehungsrechnung, Verwendungsrechnung und Verteilungsrechnung Sektorengliederung Kontensystem unterstellte Transaktionen

Die derzeitige Konzeption der Volkswirtschaftlichen Gesamtrechnungen für die Bundesrepublik Deutschland folgt weitgehend den Empfehlungen der internationalen Organisationen (etwa Statistisches Amt der Europäischen Gemeinschaften oder Vereinte Nationen), die eine Koordinierung der nationalen Gesamtrechnungssysteme anstreben.

Bei der praktischen Erstellung von Volkswirtschaftlichen Gesamtrechnungen wird in der Regel auf das gesamte verfügbare und jeweils relevante wirtschaftsstatistische Datenmaterial zurückgegriffen. Demnach sind Volkswirtschaftliche Gesamtrechnungen überwiegend als Sekundärstatistiken zu bezeichnen.

Dabei ergeben sich u. a. das Problem der Ergänzung (Schätzung) fehlender oder nur in größeren Zeitabständen erhobener Daten und das Problem der Kombination der oft sachlich und zeitlich nicht vergleichbaren Einzelstatistiken. Neu anfallendes Datenmaterial wird in der Regel bei den in mehrjährigen Abständen durchgeführten (General-)Revisionen der Volkswirtschaftlichen Gesamtrechnungen berücksichtigt, die primär statistisch-methodisch oder definitorisch bedingt sind.

3.1. Entstehungs-, Verwendungs- und Verteilungsrechnung

Im Rahmen der wirtschaftsstatistischen Berechnung der Inlands- und Sozialproduktgrößen wird im Hinblick auf die Berechnungsgrundlagen und die Darstellungsformen zwischen der Entstehungsrechnung, der Verteilungsrechnung und der Verwendungsrechnung unterschieden.

Das Ziel der *Entstehungsrechnung* ist die Ermittlung der *Wertschöpfung* (bzw. des Beitrags zur Wertschöpfung eines Wirtschaftszweigs oder einer Unternehmung).

Entsprechend der Verfügbarkeit der statistischen Daten wird im Rahmen der Entstehungsrechnung im Sektor Unternehmen primär die Differenzmethode (indirekte oder Verkaufswertmethode) und in den Sektoren Staat und private Haushalte überwiegend die Additionsmethode (direkte oder Kostenmethode) benutzt.

Bei der *Differenzmethode* erfolgt die Berechnung der Wertschöpfung wie folgt: Bruttoproduktionswert ./. [Vorleistungen + Abschreibungen + (indirekte Steuern ./. Subventionen)]. Im Rahmen der *Additionsmethode* wird die Wertschöpfung über die Summe aller gezahlten Einkommen (Löhne, Gehälter, Gewinne, Zinsen u. ä.) erfaßt. Die beiden Methoden müssen definitionsgemäß (theoretisch) zu einem übereinstimmenden Ergebnis führen.

Mit Hilfe der *Verteilungsrechnung* (innerhalb des Sozialproduktkonzepts) erfolgt eine Aufteilung des Volkseinkommens auf die Produktionsfaktoren nach Einkommensarten (Einkommen aus unselbständiger Arbeit und Einkommen aus Unternehmertätigkeit und Vermögen).

Die *Verwendungsrechnung* zeigt die Aufteilung des Bruttosozialprodukts (zu Marktpreisen) in Verbrauch (der privaten Haushalte und des Staates), Bruttoinvestition, Ausfuhr und Einfuhr.

3.2. Abgrenzung der Sektoren

Im Rahmen der Volkswirtschaftlichen Gesamtrechnungen für die Bundesrepublik Deutschland wird die wirtschaftliche Betätigung der inländischen (gebietsansässigen) Wirtschaftssubjekte erfaßt, wobei für die Abgrenzung in der Regel der ständige Sitz (Wohnsitz) in der Bundesrepublik Deutschland (und nicht die Staatsangehörigkeit) maßgebend ist.

Bei diplomatischen Vertretungen, bei im Ausland stationierten Streitkräften und in Einzelfällen entscheidet allerdings nicht der ständige Sitz, sondern die Staatsangehörigkeit über die Zuordnung.

Bei der Zusammenfassung der Wirtschaftssubjekte zu Sektoren wird von den kleinsten Institutionen ausgegangen, die entweder
- selbst bilanzieren (Unternehmen) oder die
- eigene Rechnungen durchführen (private Haushalte, Staat u. a.).

Die Sektorenbildung orientiert sich (entsprechend dem Wirtschaftssystem und dem Entwicklungsstand der Volkswirtschaft in der Bundesrepublik Deutschland) weitgehend an den Kriterien der überwiegend ausgeübten Tätigkeit (Produktion, Verbrauch u. ä.) und dem Marktverhalten in Verbindung mit den Möglichkeiten der Finanzierung (Unternehmen, Staat u. a.).

Neben der „übrigen Welt" (als Zusammenfassung aller Wirtschaftssubjekte, die ihren ständigen Sitz im Ausland haben), werden zur Zeit in den Volkswirtschaftlichen Gesamtrechnungen der Bundesrepublik Deutschland die in der Übersicht 22 zusammengestellten 3 Sektoren und 7 Untersektoren unterschieden.

1 Unternehmen	**11 Produktionsunternehmen**
	12 Kreditinstitute
	13 Versicherungsunternehmen
2 Staat	**21 Gebietskörperschaften**
	22 Sozialversicherung
3 Private Haushalte	**31 Private Haushalte**
	32 Private Organisationen ohne Erwerbscharakter

Übersicht 22: Sektorengliederung in den Volkswirtschaftlichen Gesamtrechnungen

Im Sektor *Unternehmen* werden alle Institutionen zusammengefaßt, die Waren und Dienstleistungen produzieren mit dem Zweck der Gewinnerzielung oder zumindest der Kostendeckung (Erwerbszweck). Unternehmen ohne Erwerbszweck, die überwiegend von Unternehmen finanziert werden (oder Waren und Dienstleistungen für Unternehmen produzieren) werden zum Sektor Unternehmen gerechnet, wie auch die nichtgewerbliche Wohnungsvermietung (einschließlich der Nutzung der Eigentümerwohnung).

Zu den *Produktionsunternehmen* rechnen etwa landwirtschaftliche Betriebe, Unternehmen des warenproduzierenden Gewerbes, des Handels und Verkehrs sowie des Dienstleistungsbereichs (ohne Kreditinstitute und Versicherungsunternehmen), freie Berufe (wie etwa Arzt- oder Rechtsanwaltspraxen), die Deutsche Bundespost und Bundesbahn, Arbeitgeberverbände, Wirtschaftsverbände und die gewerbliche und nichtgewerbliche Wohnungsvermietung einschließlich der Nutzung der Eigentümerwohnungen.

Der Sektor *Kreditinstitute* umfaßt primär die Kreditinstitute (Deutsche Bundesbank, Geschäftsbanken, Sparkassen, Hypothekenbanken). Der Postscheck- und Postsparkassendienst der Deutschen Bundespost wird wegen fehlender statistischer Unterlagen dem Sektor Produktionsunternehmen (Deutsche Bundespost) zugeordnet. Durch die Bildung des Sektors „Kreditinstitute" soll der bedeutenden Rolle des Kreditmarktes (etwa bei der Finanzierung der Investitionen) Rechnung getragen werden.

Zum Sektor *Versicherungsunternehmen* gehören alle Unternehmen des Versicherungsgeschäftes (wie etwa Lebensversicherungsunternehmen, Krankenkassen, Pensions- und Sterbekassen sowie Schadens- und Unfallversicherungen). Die Ersatzkassen werden wegen des Zwangscharakters der Beiträge dem Sektor Sozialversicherung zugeordnet.

Im Sektor *Staat* sind alle Institutionen zusammengefaßt, die primär aus Zwangsabgaben finanziert werden, und die überwiegend Dienstleistungen der Allgemeinheit zur Verfügung stellen. Durch die Konstruktion des Sektors „Staat" soll primär die Umverteilung von Einkommen und Vermögen erfaßt werden.

Zum Sektor *Gebietskörperschaften* (Staat im engeren Sinn) zählen insbesondere der Bund, die Länder, die Gemeinden und die Gemeindeverbände sowie die aus den öffentlichen Haushalten finanzierten Einrichtungen wie Bundeswehr, Polizei, öffentliche Einrichtungen der Sozialhilfe, des Gesundheitswesens und der Jugendhilfe und sonstige Einrichtungen (etwa Feuerwehren, Vieh- und Schlachthöfe u. ä.). Zu den Produktionsunternehmen zählen etwa die Versorgungs- und Verkehrsbetriebe der Gemeinden.

Der Sektor *Sozialversicherung* umfaßt neben einem (fiktiven) Pensionsfonds für Beamte u. a. die Rentenversicherung der Arbeiter und Angestellten, die Ersatzkassen und die gesetzliche Unfall- und Krankenversicherung sowie die Arbeitslosenversicherung. Im Rahmen des Sektors „Sozialversicherung" werden wichtige Angaben für die sozialpolitische Diskussion zusammengefaßt.

Dem Sektor *private Haushalte* (einschließlich private Organisationen ohne Erwerbscharakter) werden alle Wirtschaftssubjekte zugeordnet, die primär Verbrauchsgüter und Gebrauchsgüter kaufen, sparen und ihre Arbeitskraft am Markt anbieten. Die Produktionstätigkeit der privaten Haushalte wird (wegen statistischer Erfassungsschwierigkeiten) lediglich in Höhe des Entgelts der häuslichen Bediensteten erfaßt.

Zum Sektor *private Haushalte* (im engeren Sinn) rechnen alle Ein- und Mehrpersonenhaushalte. Die Anlageinvestitionen des Sektors „private Haushalte" (Wohnungskäufe, Grundstückskäufe u. ä.) werden im Sektor Produktionsunternehmen nachgewiesen.

Zum Sektor *Private Organisationen ohne Erwerbscharakter* zählen alle Institutionen, Vereine, Verbände und Organisationen, deren Tätigkeit überwiegend den privaten Haushalten dient und/oder deren Tätigkeit überwiegend von den privaten Haushalten finanziert wird (zum Beispiel: Gewerkschaften, Kirchen, Parteien, im Erziehungswesen tätige Organisationen, Sportvereine u. ä.). Die Anlageinvestitionen des Sektors „Private Organisationen ohne Erwerbscharakter" werden ebenfalls im Sektor Produktionsunternehmen erfaßt. Private Organisationen, die überwiegend von den Unternehmen (etwa Wirtschaftsverbände) oder vom Staat (etwa Krankenhäuser) finanziert werden, werden dem jeweiligen Sektor zugeordnet.

3.3. Kontengliederung

Volkswirtschaftliche Gesamtrechnungen erfassen in marktwirtschaftlichen Systemen die wirtschaftlichen Tätigkeiten, die durch den Markt koordiniert werden, in der Regel im *Zeitpunkt* des Entstehens von Forderungen und Verbindlichkeiten.

Wird ein Kompromiß zwischen der Rechnungslegung für eine abgelaufene Periode (Kreislaufanalyse) und der Leistungsmessung für eine abgelaufene Periode (Sozialproduktberechnung) angestrebt, so erscheint es angebracht, auch wirtschaftliche Vorgänge zu berücksichtigen, die nicht durch den Markt koordiniert werden. Werden entsprechende Größen in Volkswirtschaftlichen Gesamtrechnungen erfaßt, so wird von *„unterstellten" wirtschaftlichen Vorgängen* (oder Transaktionen) gesprochen.

Die wichtigsten, zur Zeit in den Volkswirtschaftlichen Gesamtrechnungen für die Bundesrepublik Deutschland „unterstellten" wirtschaftlichen Vorgänge sind der

- *Eigenverbrauch* (insbesondere in der Landwirtschaft und im Handwerk), d. h. im eigenen Unternehmen produzierte und im privaten Haushalt des Unternehmers verbrauchte Waren, die
- *Eigenmiete* bei Eigennutzung eines Eigenheimes oder einer Eigentumswohnung (Schätzung des Mietwerts unter Abstellung auf die Mieten vergleichbarer Mietwohnungen), die
- *Eigenleistungen* beim Hausbau, die
- *unterstellte Bankgebühr* (Differenz zwischen Aufwands- und Ertragszinsen), und die
- Entlohnung von Arbeitern und Angestellten durch Waren und Dienstleistungen (etwa Naturalentlohnung, Deputate, Firmenwagen zur privaten Nutzung, Verpflegungsaufwand bei der Bundeswehr).
- Bei den Einkommen aus unselbständiger Arbeit wird aus erhebungstechnischen Gründen unterstellt, daß die Arbeitgeberbeiträge zur Sozialversicherung und die Abzüge der Bruttolöhne und Bruttogehälter enthalten sind. Diese Anteile werden dann von den privaten Haushalten an den Staat abgeführt.
- Aus Gründen der theoretischen Abgrenzung und der Erhebungs- und Bewertungsschwierigkeiten wird die Produktionstätigkeit der privaten Haushalte nicht berücksichtigt.

Zur Verbuchung der wirtschaftlichen Vorgänge werden in den Volkswirtschaftlichen Gesamtrechnungen der Bundesrepublik Deutschland die folgenden Konten geführt:

1. ein zusammengefaßtes Güterkonto (Konto 0),
2. ein zusammengefaßtes Konto der übrigen Welt und
3. je Untersektor 7 Sektorenkonten, die in der Übersicht 23 zusammengefaßt sind.

Kontengruppe	Kurzbezeichnung und Aufgabe
1	Produktionskonten (Produktion von Waren und Dienstleistungen)
2	Einkommensentstehungskonten (Entstehung von Erwerbs- und Vermögenseinkommen)
3	Einkommensverteilungskonten (Verteilung von Erwerbs- und Vermögenseinkommen)
4	Einkommensumverteilungskonten (Umverteilung von Einkommen)
5	Einkommensverwendungskonten (Verwendung der Einkommen)
6	Vermögensänderungskonten (Vermögensbildung)
7	Finanzierungskonten (Veränderung der Forderungen und Verbindlichkeiten)

Übersicht 23: Kontengruppen in den Volkswirtschaftlichen Gesamtrechnungen

Im *zusammengefaßten Güterkonto* (Konto 0) erscheinen auf der linken Seite die Vorleistungen, der Verbrauch, die Bruttoinvestition und die Ausfuhr von Waren und Dienstleistungen (Gesamtverwendung) und auf der linken Seite die Produktionswerte der Sektoren einschließlich des Eigenverbrauchs und die Einfuhr von Waren und Dienstleistungen (Gesamtaufkommen).

In der Kontengruppe 2 *(Produktionskonten)* erscheint je Sektor als Saldo der Beitrag zum Bruttoinlandsprodukt des jeweiligen Sektors als Differenz zwischen den Bruttoproduktionswerten und den eingesetzten Vorleistungen. Der Beitrag zum Bruttoinlandsprodukt (zu Marktpreisen) wird auch als Primäraufwand bezeichnet. Der Saldo wird gegengebucht auf der rechten Seite der Einkommensentstehungskonten.

In der Kontengruppe 2 *(Einkommensentstehungskonten)* wird der Übergang vom Brutto- zum Nettokonzept und vom Marktpreis- zum Faktorpreiskonzept vollzogen, d. h. als Saldo je Sektor der Beitrag zum Nettoinlandsprodukt zu Faktorkosten (Beitrag zur Wertschöpfung) ermittelt, der auf die rechte Seite der Einkommensverteilungskonten übertragen wird.

Die Kontengruppe 3 *(Einkommensverteilungskonten)* zeigt nach dem Übergang vom Inlands- zum Inländerkonzept die funktionelle Einkommensverteilung, d. h. die Aufteilung des Nettosozialprodukts (Volkseinkommen) in die Einkommen aus unselbständiger Arbeit (Bruttolöhne und -gehälter einschließlich der Arbeitgeberbeiträge zur Sozialversicherung und der zusätzlichen Sozialaufwendungen der Arbeitgeber) und die Einkommen aus Unternehmertätigkeit und Vermögen. Der Saldo (Anteil am Volkseinkommen) wird auf den Einkommensumverteilungskonten gegengebucht.

In der Kontengruppe 4 *(Einkommensumverteilung)* wird je Sektor das Verfügbare Einkommen als Saldo ermittelt, wobei insbesondere die geleisteten bzw. empfangenen laufenden Übertragungen und die Umverteilungstätigkeit des Staates berücksichtigt werden.

Die Kontengruppe 5 *(Einkommensverwendungskonten)* erfaßt die Verwendung des Verfügbaren Einkommens der Sektoren zum Zweck des privaten oder öffentlichen Verbrauchs und zum Zweck der Ersparnisbildung, die sich als Saldo ergibt und auf der rechten Seite der Vermögensänderungskonten gegengebucht wird.

In der Kontengruppe 6 *(Vermögensänderungskonten)* erscheint neben den empfangenen und den geleisteten Vermögensübertragungen primär die Finanzierung der Investitionen aus der Ersparnisbildung und den Abschreibungen. Die jeweiligen Finanzierungssalden werden in die Kontengruppe 7 übertragen.

Die Kontengruppe 7 *(Finanzierungskonten)* vermittelt einen summarischen Überblick über die Veränderung der Forderungen und Verbindlichkeiten je Sektor. Die entsprechenden Angaben werden den jeweiligen Erhebungen der Deutschen Bundesbank über die Vermögensbildung und ihre Finanzierung entnommen, wobei sich u. a. wegen Bewertungsschwierigkeiten statistische Differenzen ergeben, die getrennt ausgewiesen werden.

Das *zusammengefaßte Konto der übrigen Welt* (Konto 8) beschreibt aus der Sicht der übrigen Welt die wirtschaftlichen Vorgänge zwischen der übrigen Welt und den inländischen Wirtschaftssubjekten. Es enthält neben den noch nicht erfolgten Gegenbuchungen auch den (Gesamt-)Saldo der Kontengruppe 7.

Die Kontengruppen 1 bis 5 erfassen die *laufenden wirtschaftlichen Vorgänge*, während in den Kontengruppen 6 und 7 die vermögensändernden wirtschaftlichen Vorgänge nachgewiesen werden.

Wegen fehlender statistischer Unterlagen können die Konten 3 bis 7 zur Zeit noch nicht für die Untersektoren des Sektors Private Haushalte, sondern nur für den gesamten Sektor geführt werden.

Bei einer Zusammenfassung der Konten (ohne Kontengruppe 1) über die Sektoren zu *konsolidierten* Konten für die gesamte Volkswirtschaft werden die wirtschaftlichen Vorgänge zwischen den beteiligten Wirtschaftssubjekten (intrasektorale Ströme innerhalb einer Kontengruppe) saldiert.

Erweiterte Produktionskonten, die als Saldo den Anteil des Sektors am Volkseinkommen (oder für die gesamte Volkswirtschaft das Volkseinkommen) ausweisen, entstehen durch Aggregation der Kontengruppen 1 bis 3.

3.4. Volkswirtschaftliche Gesamtrechnung für die Bundesrepublik Deutschland 1972

In diesem Abschnitt werden ausgewählte empirische Ergebnisse (vorläufige Ergebnisse für 1972 in Mill. DM) der Volkswirtschaftlichen Gesamtrechnung für die Bundesrepublik Deutschland betrachtet, die zunächst getrennt für die Sektoren Unternehmen (Untern.), Staat (Staat) und Private Haushalte (Pr.Hh.) in den Kontengruppen 1 bis 6 (ohne die Kontengruppe 7) und im Konto 0 (zusammengefaßtes Güterkonto) und 8 (zusammengefaßtes Konto der übrigen Welt) dargestellt werden.

Der (Brutto-)*Produktionswert* (Konto 0 und Kontengruppe 1) in den Volkswirtschaftlichen Geasmtrechnungen ist weiter gefaßt als der Bruttoproduktionswert in der Industriestatistik (vgl. S. 60). Er umfaßt bei den Unternehmen (aller Wirtschaftsbereiche) die *Verkäufe* von eigenen Waren und Dienstleistungen (einschließlich Eigenverbrauch und Einnahmen aus Vermietung und Verpachtung) sowie von Handelsware, die *Bestandsveränderungen* an Halb- und Fertigerzeugnissen aus eigener Produktion und die *selbsterstellten Anlagen* (u. a. einschließlich der Eigenleistung der privaten Haushalte beim Hausbau). Firmeninterne Lieferun-

0 Zusammengefaßtes Güterkonto

Produktionswerte			*Vorleistungen*
= Verkäufe und selbsterstellte Anlagen		1.212.170	– Unternehmen
– Unternehmen	1.938.940	79,770	– Staat
– Staat	17.710	4.610	– Private Haushalte
– Private Haushalte	9.040		*Letzter Verbrauch*
= Eigenverbrauch		447.720	– Privater Verbrauch
– Staat	146.930	146.930	– Staatsverbrauch
– Private Haushalte	9.990		*Bruttoanlageinvestitionen und Vorratsveränderungen*
= Vorratsveränderungen an eigenen Erzeugnissen der Unternehmen	3.300		= Anlageinvestitionen
Einfuhr von Waren und Dienstleistungen	164.700	184.920	– Unternehmen
		30.630	– Staat
		4.400	= Vorratsveränd. der Unternehmen
		179.460	*Ausfuhr von Waren und Dienstleistungen*
	2.290.610	2.290.610	

1 Produktionskonto

	Untern.	Staat	Pr.Hh.	Pr.Hh.	Staat	Untern.	
Vorleistungen	1.212.170	79.770	4.610				*Produktionswert*
				9.040	17.710	1.938.940	= Verkäufe und selbsterst. Anlagen
						3.300	= Vorratsveränderg. an eigenen Erzeugnissen
Beitrag zum Bruttoinlandsprodukt	730.070	84.870	14.420	9.990	146.930		= Eigenverbrauch
	1.942.240	164.640	19.030	19.030	164.640	1.942.240	

2 Einkommensentstehungskonto

	Untern.	Staat	Pr.Hh.	Pr.Hh.	Staat	Untern.	
Abschreibungen	87.800	4.980	830	14.420	84.870	730.070	*Beitrag zum Bruttoinlandsprodukt*
Geleistete indirekte Steuern an							*Empfangene Subventionen*
– den Staat	111.860	440	120			10.850	– vom Staat
– das Ausland	70					120	– vom Ausland
Beitrag zum Nettoinlandsprodukt zu Faktorkosten	541.310	79.450	13.470				
	741.040	84.870	14.420	14.420	84.870	741.040	

3 Einkommensverteilungskonto

	Untern.	Staat	Pr.Hh.	Pr.Hh.	Staat	Untern.	
Geleistete Einkommen aus unselbständiger Arbeit				13.470	79.450	541.310	*Beitrag zum Nettoinlandsprodukt zu Faktorkosten*
– an Private Haushalte	343.910	79.430	13.470				*Empfangene Einkommen aus Unternehmertätigkeit und Vermögen*
– an das Ausland	1.350	20					
Geleistete Einkommen aus Unternehmertätigkeit und Vermögen				170.720	11.010	64.620	– vom Unternehmen
				450	620	6.750	– vom Staat
				650	260	6.540	– vom Ausland
– an Unternehmen	64.620		3.130			3.130	– von Privaten Haushalten
– an den Staat	11.010						*Empfangene Einkommen aus unselbständiger Arbeit*
– an Private Haushalte	170.720						
– an das Ausland	8.640			343.910			– von Unternehmen
Geleistete Zinsen auf öffentliche Schulden				79.430			– vom Staat
				2.150			– vom Ausland
– an Unternehmen		6.750		13.470			– von Privaten Haushalten
– an den Staat		620					
– an das Ausland		150					
– an Private Haushalte		450					
Anteil am Volkseinkommen	22.100	3.920	607.650				
	622.350	91.340	624.250	624.250	91.340	622.350	

4 Einkommensumverteilungskonto

	Untern.	Staat	Pr.Hh.
Geleistete direkte Steuern	10.990		181.380
Geleistete Subventionen an Unternehmen		10.850	
Geleistete Nettoprämien für Schadensversicherungen (bei den Unternehmen einschließlich geleist. Schadensversicherungen)			
– an Unternehmen	5.700	120	13.160
– an den Staat	120		
– an Private Haushalte	13.500		
– an das Ausland	380		
(Sonstige) geleistete laufende Übertragungen			
– an den Staat	1.390		2.180
– an Private Haushalte		110.560	
– an das Ausland	90	8.440	7.920
Verfügbares Einkommen	9.200	185.220	527.320
	41.370	315.190	731.960

Pr.Hh.	Staat	Untern.	
607.650	3.920	22.100	*Anteil am Volkseinkommen*
			Empfangene indirekte Steuern (einschl. Beiträge zur gesetzlichen Unfallversicherung)
	111.860		– von Unternehmen
	440		– vom Staat
	120		– von Privaten Haushalten
			Empfangene direkte Steuern und Sozialversicherungsbeiträge (ohne Beiträge zur gesetzl. Unfallversicherung)
	10.990		– von Unternehmen
	560		– vom Ausland
	181.380		– von Privaten Haushalten
			Empfangene Nettoprämien für Schadensversicherungen und empfangene Schadensversicherungsleistungen von Unternehmen
13.500	120	5.700	– von Unternehmen
		290	– vom Ausland
		120	– vom Staat
		13.160	– von Privaten Haushalten
			(Sonstige) empfangene laufende Übertragungen
	1.390		– von Unternehmen
110.560			– vom Staat
250	2.230		– vom Ausland
	2.180		– von Privaten Haushalten
731.960	315.190	41.370	

5 Einkommensverwendungskonto

	Untern.	Staat	Pr.Hh.	Pr.Hh.	Staat	Untern.	
Verbrauch		146.930	447.720	527.320	185.220	9.200	*Verfügbares Einkommen*
Ersparnis	9.200	38.290	79.600				
	9.200	185.220	527.320	527.320	185.220	9.200	

6 Vermögensänderungskonto

	Untern.	Staat	Pr.Hh.	Pr.Hh.	Staat	Untern.	
Anlageinvestitionen und Vorratsveränderungen (bei den Unternehmen einschließlich private Organisationen ohne Erwerbscharakter)				79.600	38.290	9.200	*Ersparnis*
						3.700	*Nichtentnommene Gewinne der Einzelunternehmen u. ä.*
= Anlageinvestitionen	184.920	30.630					
= Vorratsveränderungen	4.400				4.980	88.630	*Abschreibungen der Unternehmen einschließlich private Organisationen ohne Erwerbscharakter*
Geleistete Vermögensübertragungen							*Empfangene Vermögensübertragungen*
– an Unternehmen	1.200	9.730	16.300	320	2.300	1.200	– von Unternehmen
– an den Staat	2.300		1.430	7.360		9.730	– vom Staat
– an Private Haushalte	320	7.360		20	0		– vom Ausland
– an das Ausland	90	430	180		1.430	16.300	– von Privaten Haushalten
Nichtentnommene Gewinne der Einzelunternehmen u. ä.			3.700				
Finanzierungssaldo	– 64.470	– 1.150	65.690				
	128.760	47.000	87.300	87.300	47.000	128.760	

8 Zusammengefaßtes Konto der übrigen Welt

Käufe von Waren und Dienstleistungen	179.460	164.700	*Verkäufe von Waren und Dienstleistungen*
Geleistete Einkommen aus unselbständiger Arbeit an Private Haushalte	2.150		*Empfangene Einkommen aus unselbständiger Arbeit*
Geleistete Einkommen aus Unternehmertätigkeit und Vermögen		1.350	– von Unternehmen
		20	– vom Staat
– an Unternehmen	6.540		*Empfangene Einkommen aus Unternehmertätigkeit und Vermögen*
– an den Staat	260		
– an Private Haushalte	650	8.640	– von Unternehmen
Empfangene Übertragungen		150	– vom Staat
= Subventionen an Unternehmen	120		*Geleistete Übertragungen*
= Direkte Steuern und Sozialversicherungsbeiträge (ohne gesetzliche Unfallversicherung) an den Staat	560	70	= Indirekte Steuern von Unternehmen
= Nettoprämien für Schadensversicherungsleistungen an Unternehmen	290	380	= Nettoprämien für Schadensversicherungen und Schadensversicherungsleistungen von Unternehmen
= sonstige laufende Übertragungen			= sonstige laufende Übertragungen
– an den Staat	2.230	90	– von Unternehmen
– an Private Haushalte	250	8.440	– vom Staat
= Vermögensübertragungen		7.920	– von Privaten Haushalten
– an den Staat	0		= Vermögensübertragungen
– an Private Haushalte	20	90	– von Unternehmen
		430	– vom Staat
		180	– von Privaten Haushalten
		70	‖ *Finanzierungssaldo*
	192.530	192.530	

gen und Leistungen sind im Bruttoproduktionswert nicht enthalten. Die Bewertung erfolgt grundsätzlich zu Marktpreisen (einschließlich Mehrwertsteuer, aber ohne Rabatte u. ä.). Zu Herstellungskosten sind die selbsterstellten Anlagen, die Bestandsveränderungen und der Eigenverbrauch bewertet. Im Sektor Staat und im Untersektor private Organisationen ohne Erwerbscharakter ergibt sich der Bruttoproduktionswert primär aus den laufenden Aufwendungen (Ausgaben) wie Einkommen aus unselbständiger Arbeit, indirekte Steuern u. ä., d. h. das Produktionskonto wird hier von der Ausgabenseite her erstellt, und als Saldo ergibt sich der Eigenverbrauch. Im Sektor Private Haushalte resultiert der Bruttoproduktionswert aus der Summe der Entgelte für die häuslichen Bediensteten. Die Wohnungsvermietung und die (unterstellte) Miete für die Nutzung des Eigenheims oder der Eigentumswohnung werden im Sektor Unternehmen erfaßt.

Die *Vorleistungen* (Konto 0 und Kontengruppe 1) werden grundsätzlich zu Marktpreisen bewertet und umfassen sämtliche materiellen und nichtmateriellen Vorleistungen (einschließlich des Einstandswerts der Handelsware bei Unternehmen und der unterstellten Bankgebühr bei den Kreditinstituten). Die Vorleistungen des Staates und der privaten Organisationen ohne Erwerbscharakter können aus statistischen Gründen nur über die Einkäufe (vgl. S. 62 „Einkaufsmethode") berechnet werden. Zu den Vorleistungen des Staates zählen u. a. der Kauf von militärischen Gebrauchsgütern und Bauten, die Sachleistungen der Sozialversicherung sowie Arzt- und Krankenhausleistungen.

Der *letzte Verbrauch* (Konto 0 und Kontengruppen 1 und 5) wird in den privaten Verbrauch (einschließlich Eigenverbrauch der privaten Organisationen ohne Erwerbscharakter) und in den Staatsverbrauch (Eigenverbrauch des Staates) eingeteilt. Der *Staatsverbrauch* umfaßt die laufenden Aufwendungen des Staates für Verwaltungsleistungen (einschließlich eines unterstellten Pensionsfonds für Beamte). Zum *privaten Verbrauch* zählen neben den tatsächlichen Käufen der privaten Haushalte u. a. auch die Entgelte der häuslichen Bediensteten, der Eigenverbrauch der Unternehmer, die unterstellte Bankgebühr, die Naturalentlohnung (etwa Deputate) und der Mietwert der eigengenutzten Eigentumswohnung. Der private Verbrauch ist demnach nicht mit dem tatsächlichen Verbrauch der privaten Haushalte identisch (Haushaltsproduktion, Vorräte an Verbrauchsgütern).

Zur *Einfuhr* und *Ausfuhr* (Konto 0 und Konto 8) zählen alle Waren- und Dienstleistungskäufe (bzw. -verkäufe). Die Angaben über den Dienstleistungsverkehr entstammen weitgehend der Zahlungsbilanz, die durch die Deutsche Bundesbank erstellt wird (Nachweis im Zeitpunkt der Zahlung). Bei der Berechnung der Einfuhr und der Ausfuhr von Waren wird von den Ergebnissen der Außenhandelsstatistik ausgegangen, wobei u. a. die folgenden Umformungen vorgenommen werden: Generalhandel grundsätzlich ohne Lagerverkehr auf ausländische Rechnung einschließlich Transithandel und Lieferungen von Kleinsendungen, von elektrischem Strom u. ä., die cif-Werte der Einfuhr werden in fob-Werte (Wert frei Grenze des exportierenden Landes) umgerechnet. Zusätzlich wird der Waren- und Dienstleistungsverkehr mit der Deutschen Demokratischen Republik und Berlin (Ost) berücksichtigt.

Bei den *Bruttoinvestitionen* (Konto 0 und Kontengruppe 6) werden Bruttoanlageinvestitionen und Vorratsänderungen unterschieden. Der Posten *Vorratsänderung* erfaßt lediglich die Veränderung der Vorräte der Unternehmen (Endbestand ./. Anfangsbestand), d. h. die Veränderung der Bestände an Handelsware, an eigenen Halb- und Fertigerzeugnissen sowie Vorprodukten. Die Berechnung der Vorratsveränderung kann wie folgt beschrieben werden: Die Bestandsangaben (in laufenden Preisen) werden zu Meßzahlen (Basis 1962) umgerechnet und die Differenz zwischen den sich so ergebenden End- und Anfangsbeständen wird jeweils mit (laufenden) Jahresdurchschnittspreisen bewertet. In die *Bruttoanlageinvestitionen* gehen sämtliche in der abgelaufenen Periode erfolgten Anlagenkäufe (einschließlich der eingeführten und selbsterstellten Anlagen) ein sowie der Saldo der Verkäufe und Käufe von Land und gebrauchten Anlagen. Wegen fehlender statistischer Unterlagen werden zur Zeit die Bruttoanlageinvestitionen der privaten Organisationen ohne Erwerbscharakter im Sektor Unternehmen erfaßt. Zu den Anlagen rechnen alle reproduzierbaren Produktionsmittel, deren vermutliche Nutzungsdauer länger als 1 Jahr veranschlagt wird. Bei den Bruttoanlageinvestitionen wird in der Regel zusätzlich zwischen Bauinvestitionen (Gebäude, Straßen, Brücken, u. ä.) und Ausrüstungsinvestitionen (Maschinen, Fahrzeuge, Betriebsausstattungen u. ä.) unterschieden.

Die *Abschreibungen* (Kontengruppe 2 und 6) sollen in den Volkswirtschaftlichen Gesamtrechnungen (vgl. auch S. 90) die Abnutzung (Wertminderung) des Anlagevermögens erfassen, wobei zur Erhaltung des (realen) reproduzierbaren Anlagevermögens eine Bewertung der Abschreibungen mit den Wiederbeschaffungspreisen erfolgt. Die Anlageinvestitionen der zurückliegenden Wirtschaftsperioden sind zunächst mit den Preisen eines Basisjahres (in der Regel 1962) zu bewerten, auf die vermutliche Nutzungsdauer linear aufzuteilen und dann je Wirtschaftsperiode mit den laufenden Preisen für entsprechende Investitionsgüter zu bewerten.

Zu den *indirekten Steuern* (Kontengruppe 2, 4 und 8) zählen insbesondere (vgl. auch S. 91) die Beiträge zur gesetzlichen Unfallversicherung, die nicht von den privaten Haushalten gezahlten Verwaltungsgebühren und die eigentlichen indirekten Steuern (etwa Mehrwertsteuer, Grunderwerbssteuer, Kapitalverkehrssteuer, Vergnügungssteuer, Zölle und Verbrauchssteuern, die nicht von den privaten Haushalten gezahlte Kraftfahrzeugsteuer u. ä.). Die indirekten Steuern, die grundsätzlich zum Zeitpunkt des Zahlungseingangs beim Staat erfaßt werden, umfassen alle bei der Gewinnermittlung abzugsfähigen Steuern und entsprechende Abgaben der Produzenten.

Die *Subventionen* (Kontengruppe 2, 4 und 8) des Staates werden (im Rahmen der Volkswirtschaftlichen Gesamtrechnungen) an Unternehmen gezahlt, um die Marktpreise, die Produktionshöhe oder das Einkommen zu beeinflussen (etwa Zinsverbilligungszuschüsse auf dem Gebiet des Wohnungswesens und im Dienstleistungsbereich, sowie Zahlungen an die Landwirtschaft, die Energiewirtschaft, den Bergbau, den Handel und an die Verarbeitende Industrie).

Die Summe der tatsächlich gezahlten Bruttolöhne und Bruttogehälter, der Arbeitgeberbeiträge zur Sozialversicherung und der zusätzlichen Sozialaufwendungen der Arbeitgeber wird in den Volkswirtschaftlichen Gesamtrechnungen als (Brutto-)*Einkommen aus unselbständiger Arbeit* bezeichnet (Kontengruppe 3 und 8).

Die *Einkommen aus Unternehmertätigkeit und Vermögen* (Kontengruppe 3 und 8) entstehen im Sektor Unternehmen. Im Sektor Staat wird von Zinsen auf öffentliche Schulden und im Sektor private Haushalte von Zinsen auf Konsumentenschulden gesprochen. In den empfangenen und in den geleisteten Einkommen aus Unternehmertätigkeit und Vermögen sind zur Zeit insbesondere enthalten: Zinsen, Nettopachten und Einkommen aus immateriellen Werten (Patente, Urheberrechte u. ä.), Dividenden und sonstige Ausschüttungen der Unternehmen mit eigener Rechtspersönlichkeit und Einkommen der Unternehmen ohne eigene Rechtspersönlichkeit einschließlich der Wohnungsvermietung der privaten Haushalte. Bei den Einkommen aus Unternehmertätigkeit und Vermögen der Unternehmen ohne eigene Rechtspersönlichkeit wird unterstellt, daß die entsprechenden Einkommen insgesamt verteilt werden. Bei den Unternehmen ohne eigene Rechtspersönlichkeit kann der Zusammenhang zwischen den hier entstandenen Einkommen aus Unternehmertätigkeit und Vermögen und den Gewinnen (vor Abzug der direkten Steuern) wie folgt dargestellt werden:

	Einkommen aus Unternehmertätigkeit und Vermögen der Unternehmen ohne eigene Rechtspersönlichkeit
–	geleistete Zinsen
–	geleistete Nettopachten und Einkommen aus immateriellen Werten
+	empfangene Zinsen
+	empfangene Nettopachten und Einkommen aus immateriellen Werten
+	empfangene Dividenden und sonstige Ausschüttungen von Unternehmen mit eigener Rechtspersönlichkeit
+	empfangene Einkommen von Unternehmen ohne eigene Rechtspersönlichkeit
=	Gewinne der Unternehmen ohne eigene Rechtspersönlichkeit

Die *direkten Steuern* (Kontengruppe 4 und Konto 8) umfassen (ohne die eigentlichen indirekten Steuern, die Beiträge zur gesetzlichen Unfallversicherung und Vermögensübertragungen in diesem Bereich) u.a. die folgenden laufenden Übertragungen an den Staat: direkte Steuer auf Einkommen und Vermögen (Einkommenssteuer, Lohnsteuer, Körperschaftssteuer, Vermögenssteuer u.ä.), die direkten Steuern im Rahmen des privaten Verbrauchs (Kraftfahrzeugsteuer u.ä.) sowie die Sozialversicherungsbeiträge (ohne Beiträge zur gesetzlichen Unfallversicherung) wie etwa die Rentenversicherung der Arbeiter und Angestellten, die Arbeitslosenversicherung und die gesetzliche Krankenversicherung.

Die *Nettoprämien für Schadensversicherungen und Schadensversicherungslei-*

stungen (Kontengruppe 4 und Konto 8) beziehen sich auf Risikoschadensversicherungen. Entsprechende Zahlungen erscheinen als laufende Übertragungen.

Bei den *sonstigen laufenden Übertragungen* (Kontengruppe 4 und Konto 8) handelt es sich primär um die (sonstigen) Zahlungen (nicht Vermögensübertragungen), denen keine spezielle Gegenleistung gegenübersteht. So fallen im Rahmen der vom Sektor Staat an den Sektor Private Haushalte geleisteten sonstigen laufenden Übertragungen u. a. die folgenden Zahlungen an: Geldleistungen der Sozialhilfe, gesetzliches Kindergeld, Geldleistungen nach dem Ausbildungsförderungsgesetz, Wohngeld und Geldleistungen der Sozialversicherung.

Zu den *Vermögensübertragungen* (Kontengruppe 6 und Konto 8) zählen alle Geldleistungen, die mindestens bei einem der beteiligten Wirtschaftssubjekte zu einer Vermögensänderung führen (etwa Investitionszuschüsse, Erbschaftssteuerzahlungen, Leistungen des Staates zur Vermögensbildung u.ä.).

In der Übersicht 24 sind die Ergebnisse der Volkswirtschaftlichen Gesamtrechnung für die Bundesrepublik Deutschland 1972 (in Mill. DM) sektoral zusammengefaßt (konsolidiert) dargestellt.

0 Zusammengefaßtes Güterkonto

(Brutto-) Produktionswert	2.125.910	1.296.550	Vorleistungen
Einfuhr	164.700	594.650	Verbrauch (insgesamt)
		219.950	Bruttoinvestition
		179.460	Ausfuhr
	2.290.610	2.290.610	

1 Produktionskonto

Vorleistungen	1.296.550	2.125.910	(Brutto-) Produktionswert
Bruttoinlandsprodukt (zu Marktpreisen)	829.360		
	2.125.910	2.125.910	

2 Einkommensentstehungskonto

Abschreibungen	93.610	829.360	Bruttoinlandsprodukt (zu Marktpreisen)
Indirekte Steuern			Subventionen
= Inland	112.420	10.850	= Inland
= Ausland	70	120	= Ausland
Nettoinlandsprodukt (zu Faktorkosten)	634.230		
	840.330	840.330	

3 Einkommensverteilungskonto

Einkommenszahlungen an das Ausland	10.160	634.230	Nettoinlandsprodukt (zu Faktorkosten)
Nettosozialprodukt (zu Faktorkosten)	633.670	9.600	Einkommenszahlungen aus dem Ausland
	643.830	643.830	

4 Einkommensumverteilungskonto

Subventionen	10.850	633.670	Nettosozialprodukt (zu Faktorkosten)
Laufende Übertragungen an das Ausland	16.830	112.420	Indirekte Steuern
Verfügbares Volkseinkommen	721.740	3.330	Laufende Übertragungen aus dem Ausland
	749.420	749.420	

5 Einkommensverwendungskonto

Verbrauch (insgesamt)	594.650		
Ersparnis	127.090	721.740	Verfügbares Volkseinkommen
	721.740	721.740	

6 Vermögensänderungskonto

Bruttoinvestition	219.950	127.090	Ersparnis
		93.610	Abschreibungen
Vermögensübertragungen an das Ausland	700	20	Vermögensübertragungen aus dem Ausland
Finanzierungssaldo	70		
	220.720	220.720	

8 Zusammengefaßtes Konto der übrigen Welt

Ausfuhr	179.460	70	Finanzierungssaldo
Subventionen	120	70	Indirekte Steuern
		164.700	Einfuhr
Einkommenszahlungen an das Inland	9.600		
		10.160	Einkommenszahlungen aus dem Inland
Laufende Übertragungen an das Inland	3.330		
		16.830	Laufende Übertragungen aus dem Inland
Vermögensübertragungen an das Inland	20		
		700	Vermögensübertragungen aus dem Inland
	192.530	192.530	

Übersicht 24: Konsolidierte Ergebnisse der Volkswirtschaftlichen Gesamtrechnung 1972

Ausgänge \ Eingänge	0	1	2	3	4	5	6	8	Summe
Konto 0		BPW 2.125.910						EINFUHR 164.700	2.290.610
Konto 1	VORL. 1.296.550		BIP(m) 829.360						2.125.910
Konto 2				NIP (f) 634.230	IND.ST. 112.420		ABSCHR. 93.610	IND.ST. 70	840.330
Konto 3					NSP (f) 633.670			EINK. 10.160	643.830
Konto 4			SUBV. 10.850			VNSP (f) 721.740		ÜBERTR. 16.830	749.420
Konto 5	VERBR. 594.650						SPAREN 127.090		721.740
Konto 6	BR.INV. 219.950							SALDO 770	220.720
Konto 8	AUSFUHR 179.460		SUBV. 120	EINK. 9.600	ÜBERTR. 3.330		VERM. Ü. 20		192.530
Summe	2.290.610	2.125.910	840.330	643.830	749.420	721.740	220.720	192.530	

Anmerkung: BPW = Bruttoproduktionswert, BIP (m) = Bruttoinlandsprodukt zu Marktpreisen, NIP (f) = Nettoinlandsprodukt zu Faktorkosten, NSP (f) = Nettosozialprodukt zu Faktorkosten, VNSP (f) = Verfügbares Nettosozialprodukt zu Faktorkosten, SALDO = enthält die Vermögensübertragungen an das Ausland und den inländischen Finanzierungsüberschuß.

Werden die konsolidierten Konten in den Zeilen und den Spalten einer Matrix erfaßt, dann ergibt sich die auf der Seite 109 angeführte Darstellung der Volkswirtschaftlichen Gesamtrechnung für 1972 (Werte in Mill. DM).

Im Rahmen der *Entstehungsrechnung* berechnet sich das Nettoinlandsprodukt zu Faktorkosten (Wertschöpfung) unter Abstellung auf die in der Übersicht 24 zusammengefaßten Ergebnisse wie folgt (Werte in Mill. DM für 1972).

	Bruttoproduktionswert	2.125.910
–	Vorleistungen	1.296.550
=	Bruttoinlandsprodukt (zu Marktpreisen)	829.360
–	Abschreibungen	39.610
=	Nettoinlandsprodukt (zu Marktpreisen)	735.750
–	Indirekte Steuern	112.490
+	Subventionen	10.970
=	Nettoinlandsprodukt (zu Faktorkosten) bzw. Wertschöpfung	634.230

Die *Verwendungsrechnung* des Sozialprodukts (Bruttosozialprodukt zu Marktpreisen) läßt sich entsprechend durchführen (Werte in Mill. DM für 1972, in der Ausfuhr bzw. der Einfuhr sind die Erwerbseinkommen und die Vermögenseinkommen zwischen Inländern und der übrigen Welt enthalten).

	Verbrauch insgesamt	594.650
+	Bruttoinvestition	219.950
=	Letzte inländische Verwendung	814.600
+	Ausfuhr	189.060
=	Letzte Verwendung	1.003.660
–	Einfuhr	174.860
=	Bruttosozialprodukt (zu Marktpreisen)	828.800

Beispiel

Der *Außenbeitrag* (Ausfuhr ./. Einfuhr) im Rahmen der Volkswirtschaftlichen Gesamtrechnungen beträgt für 1972 14.200 Mill. DM. Dabei ist zu beachten, daß in den Ausfuhr- und in den Einfuhrwerten die Erwerbs- und Vermögenseinkommen zwischen Inländern und der übrigen Welt enthalten sind.

Die *Verteilungsrechnung* führt für 1972 (Werte in Mill. DM) zu dem folgenden Ergebnis:

Wertschöpfung		634.230
Bruttoeinkommen aus unselbständiger Arbeit	438.180	
Bruttoeinkommen aus Unternehmertätigkeit und Vermögen	196.050	
+ Erwerbs- und Vermögenseinkommen aus der übrigen Welt		9.600
Bruttoeinkommen aus unselbständiger Arbeit	2.150	
Bruttoeinkommen aus Unternehmertätigkeit und Vermögen	7.450	
– Erwerbs- und Vermögenseinkommen an die übrige Welt		10.160
Bruttoeinkommen aus unselbständiger Arbeit	1.370	
Bruttoeinkommen aus Unternehmertätigkeit und Vermögen	8.790	
= Volkseinkommen		633.670
Bruttoeinkommen aus unselbständiger Arbeit	438.960	
Bruttoeinkommen aus Unternehmertätigkeit und Vermögen	194.710	

Der Zusammenhang zwischen dem Volkseinkommen, dem Verfügbaren Einkommen und der Verwendung des Verfügbaren Einkommens sowie zwischen der Ersparnis, der Vermögensbildung und der Nettoinvestition läßt sich wie folgt darstellen (Werte in Mill. DM für 1972):

+ Volkseinkommen	633.670
+ Laufende Übertragungen aus der übrigen Welt	3.450
– Laufende Übertragungen an die übrige Welt	16.900
= Verfügbares Einkommen	721.740
+ Verbrauch insgesamt	594.650
+ Ersparnis	127.090
+ Ersparnis	127.090
– Saldo der Vermögensübertragungen zwischen Inländern und der übrigen Welt	680
= Vermögensbildung	126.410
+ Nettoinvestition	126.340
+ Finanzierungssaldo	70

Der Finanzierungssaldo kann wie folgt berechnet werden: Außenbeitrag ./. (Saldo der laufenden Übertragungen zwischen Inländern und der übrigen Welt + Saldo der Vermögensübertragungen zwischen Inländern und der übrigen Welt).

In der Übersicht 25 sind ausgewählte Preisindizes der Verwendungsseite des Bruttosozialprodukts für 1972 zusammengestellt (Basis 1962, vorläufige Ergebnisse).

	Preisindex 1962 = 100
Privater Verbrauch	137,4
Staatsverbrauch	190,3
Bruttoanlageinvestitionen	144,4
Ausfuhr	112,2
Einfuhr	106,2
Bruttosozialprodukt (zu Marktpreisen)	148,0

Übersicht 25: Preisindexzahlen in der Volkswirtschaftlichen Gesamtrechnung

Im Rahmen der Volkswirtschaftlichen Gesamtrechnungen werden Preisindexzahlen (zur Deflationierung der Aggregate der Verwendungsrechnung des Bruttosozialprodukts) nach dem Paasche-Verfahren (Basis 1962) berechnet. Die laufenden Werte sind demnach nur in bezug auf das gewählte Basisjahr und nicht für aufeinanderfolgende Jahre untereinander vergleichbar. Bei der Ermittlung der Paasche-Preisindexzahlen wird auf das verfügbare preisstatistische Datenmaterial zurückgegriffen, wobei jedoch vielfach Schätzungen und Umrechnungen notwendig sind. Die Preisindizes in den Volkswirtschaftlichen Gesamtrechnungen stellen somit lediglich Näherungslösungen dar.

Beispiel

Das reale Bruttosozialprodukt (preisbereinigt, deflationiert, in Preisen des Basisjahres ausgedrückt) kann für 1972 wie folgt berechnet werden: [(Bruttosozialprodukt in laufenden Preisen / Preisindex des Bruttosozialprodukts) · 100]. Mit den Zahlenangaben in diesem Abschnitt ergibt sich: [(828.800 Mill. DM / 148.0) · 100] = 560.000 Mill. DM. Bei der Analyse „realer" Größen der Volkswirtschaftlichen Gesamtrechnungen sind neben dem weit zurückliegenden Basisjahr insbesondere die praktischen Schwierigkeiten bei der Erstellung der jeweiligen Paasche-Preisindexzahlen zu beachten.

Ausgehend von den Ergebnissen der Volkswirtschaftlichen Gesamtrechnungen werden häufig bestimmte *Kennziffern* (mit zahlreichen Modifikationen) wie etwa die Lohnquote, die Sparquote oder die gesamtwirtschaftliche Arbeitsproduktivität berechnet.

Die *Bruttolohnquote* ist definiert als: Bruttoeinkommen aus unselbständiger Arbeit/Volkseinkommen in Prozent. Für 1972 ergibt sich (vorläufige Ergebnisse) 69,3 %.

Bei der *gesamtwirtschaftlichen Arbeitsproduktivität* wird gewöhnlich eine Meßzahl des realen Bruttoinlandsprodukts auf eine Meßzahl der Erwerbstätigen im Inland bezogen. Das reale Bruttoinlandsprodukt (Basis 1962, vorläufige Ergebnisse) beträgt 1970 530.590 Mill. DM und 1972 560.410 Mill. DM (Meßzahl zur Basis 1970: 105,6). Die Zahl der Erwerbstätigen im Inland (in Tsd. nach den vorläufigen Ergebnissen der Volkswirtschaftlichen Gesamtrechnungen) beläuft sich für 1970 auf 26.582 und für 1972 auf 26.400 (Meßzahl zur Basis 1970: 99,3). Damit berechnet sich die Kennzahl der gesamtwirtschaftlichen Arbeitsproduktivität für 1972 zu 106,3.

Die *Sparquote* wird in der Regel als Relation: [(Ersparnis/Verfügbares Volkseinkommen) · 100] berechnet. 1972 (vorläufige Ergebnisse): 17,6 %.

Literaturhinweise

Bahlert, H.: Möglichkeiten zur Ermittlung des Sozialprodukts zu Faktorkosten in konstanten Preisen, *in:* Allgemeines Statistisches Archiv 1968, S. 353–366.

Bartels, H.: Preisindizes in der Sozialproduktsberechnung, *in:* Wirtschaft und Statistik 1963, S. 15–18.

–: Volkswirtschaftliche Gesamtrechnungen, *in: A. Blind* (Hrsg.): Umrisse einer Wirtschaftsstatistik, Hamburg 1966, S. 275–313.

–: Das Kontensystem für die Volkswirtschaftlichen Gesamtrechnungen der Bundesrepublik Deutschland (Erster Teil: Das angestrebte Kontensystem), *in:* Wirtschaft und Statistik 1960, S. 317–344.

–, *K. H. Raabe, O. Schörry* und Mitarbeiter: Das Kontensystem für die Volkswirtschaftlichen Gesamtrechnungen der Bundesrepublik Deutschland (Zweiter Teil: Das ausgefüllte vereinfachte Kontensystem), *in:* Wirtschaft und Statistik 1960, S. 571–581.

Hamer, G. und *H.-W. Richter:* Einkommen aus unselbständiger Arbeit und Einkommen aus Unternehmertätigkeit und Vermögen nach Wirtschaftsbereichen, *in:* Wirtschaft und Statistik 1966, S. 537–553.

Hamer, G.: Grundzüge der neuen internationalen Standardsysteme Volkswirtschaftlicher Gesamtrechnungen, *in:* Allgemeines Statistisches Archiv 1969, S. 125–164.

–: Revision der Volkswirtschaftlichen Gesamtrechnungen, *in:* Wirtschaft und Statistik 1970, S. 57–65.

Statistisches Bundesamt: Fachserie N (Volkswirtschaftliche Gesamtrechnungen), Reihe 1 Konten und Standardtabellen 1972, Stuttgart und Mainz (Oktober) 1973.

4. Input-Output-Tabellen

Grundform von Input-Output-Tabellen
Input-Output-Tabellen und Volkswirtschaftliche Gesamtrechnungen
Triangulation
Input-Koeffizienten
Output-Koeffizienten

Im Mittelpunkt der „traditionellen" Systeme der Volkswirtschaftlichen Gesamtrechnungen stehen die Einkommensentstehung, die Einkommensverteilung und die Einkommensverwendung mit der Berechnung der Wertschöpfung, des Bruttosozialprodukts und des Volkseinkommens als Indikatoren der wirtschaftlichen Leistung einer Volkswirtschaft

Entsprechend den Anforderungen der Benutzer (aus Forschung, Verwaltung, Wirtschaft und Politik) wird ein Ausbau der Volkswirtschaftlichen Gesamtrechnungen über die (wirtschaftliche) Leistungsmessung und die Darstellung des Wirtschaftsablaufs für eine abgelaufene Periode hinaus angestrebt.

In diesem Zusammenhang ist insbesondere auf die gesamtwirtschaftlichen Vermögens- und Finanzierungsrechnungen, auf Ansätze, Volkswirtschaftliche Gesamtrechnungen durch ein System sozialer und demographischer Daten zu ergänzen, auf eine detailliertere Darstellung der Einkommens- und Vermögensverteilung sowie auf die ergänzende Beschreibung der Produktionstätigkeit und der Einkommensentstehung durch die Konstruktion von Input-Output-Tabellen hinzuweisen. So stellt etwa das Statistische Bundesamt für die Bundesrepublik Deutschland Input-Output-Tabellen für 1965, 1968 und ab 1970 jährlich zur Verfügung.

In diesem Abschnitt werden ausschließlich Input-Output-Tabellen in der Form von Produktionsverflechtungen betrachtet.

4.1. Konstruktion von Input-Output-Tabellen

Wie die Übersicht 26 zeigt, stellen das zusammengefaßte Güterkonto und die Produktions- und Einkommenskonten der Volkswirtschaftlichen Gesamtrechnungen die wichtigste Verbindung zwischen den Input-Output-Tabellen und den Volkswirtschaftlichen Gesamtrechnungen dar.

Die auf der rechten Seite des zusammengefaßten Güterkontos dargestellte Verwendung der Güter (Output) wird in den Quadranten A und B der Input-Output-Tabellen (nach Produktionsbereichen gegliedert) zeilenweise angeordnet, während das Güteraufkommen (Input) in den Spalten der Quadranten A und C erscheint.

Input-Output-Tabellen unterscheiden sich von den Volkswirtschaftlichen Gesamtrechnungen primär dadurch, daß einmal bewertete Güterströme (teilweise auch Mengen) erfaßt werden, und daß zum anderen eine Gliederung der Produktionsbereiche in möglichst homogene Produktionseinheiten (Gütergruppen) erfolgt

			Güterverwendung					
			Input der Produktionsbereiche		Letzte Verwendung von Gütern			Verwendung insgesamt
			1 2 3 . . j . . n	Σ	Verbrauch	Bruttoinvestition	Ausfuhr	
Güteraufkommen	Output der Produktionsbereiche	1	. . . .	.	.	.	.	.
		2	. . . .	.	.	.	.	.
		.	. . . .	.	.	.	.	.
		.	. Quadrant A . .	.	.	Quadrant B	.	.
		i	. . . . x_{ij} . .	x_{i*}	.	.	.	x_i
		.	. . . .	.	.	.	.	.
		.	. . . .	.	.	.	.	.
		n	. . . .	.	.	.	.	.
		Σ	. . . . x_{*j} . .	x_{**}	.	.	.	x
	Abschreibung		. . . .	.				
	Indirekte Steuern ./. Subventionen		. . . .	.				
	Einkommen		. Quadrant C . .	.				
	Einfuhr		. . . .	.				
	Aufkommen insgesamt		. . . . x_j . .	x				

Übersicht 26: Grundaufbau einer Input-Output-Tabelle

(Produktionsverflechtung). Weiterhin ist zu beachten, daß in Input-Output-Tabellen die Gesamtproduktion betrachtet wird. Güter aus inländischer Produktion können je nach Verwendungszweck der Input-Output-Tabellen bewertet werden zu Anschaffungspreisen, Herstellungspreisen oder ab-Werk-Preisen.

Der Quadrant A (Zentralmatrix) der Input-Output-Tabellen zeigt die Vorleistungsverflechtung der Produktionsbereiche (Zwischennachfrage, intermediärer oder sekundärer Input bzw. Output). Im Quadranten B ist die Endnachfrage (autonomer Output) der Produktionsbereiche erfaßt, während im Quadranten B die primären Inputs der Produktionsbereiche erscheinen.

In der Regel gilt: $x_{i\bullet} \neq x_{\bullet j}$
Definitionsgemäß ist: $x_i \equiv x_j$.

4.2. Deskriptive Auswertung von Input-Output-Tabellen

Bei der deskriptiven Auswertung von Input-Output-Tabellen wird in der Regel auf die *Vorleistungsverflechtung* (Quadrant A) abgestellt. Grundsätzlich lassen sich zwei Formen der deskriptiven Auswertung unterscheiden:

1. Triangulation und
2. Berechnung von Strukturkoeffizienten (Input- und Output-Koeffizienten).

In Rahmen der *Triangulation* wird versucht, die (oft historische) Reihenfolge der Produktionsbereiche der (quadratischen) Vorleistungsmatrix derart umzuordnen, daß eine obere oder untere Dreiecksmatrix entsteht, die zu Aussagen über die Hierarchie der Produktionsbereiche in bezug auf die Vorleistungsverflechtung herangezogen werden kann.

Die *Input-Koeffizienten* (a_{ij}) werden wie folgt berechnet:

$$a_{ij} = \frac{x_{ij}}{x_j} \text{ mit } i, j = 1, 2, \ldots, n \text{ und } \sum_{j=1}^{n} a_{ij} = 1$$

Input-Koeffizienten vermitteln einen Einblick in die Struktur der Spaltenwerte und damit in die Kostenstruktur. Sie zeigen, wieviel Vorleistungseinheiten ein Sektor j von einem Sektor i (x_{ij}) beziehen muß, um eine Outputeinheit (x_j) erbringen zu können.

Die *Output-Koeffizienten* (b_{ij}) sind wie folgt definiert:

$$b_{ij} = \frac{x_{ij}}{x_i} \text{ mit } i, j = 1, 2, \ldots, n \text{ und } \sum_{i=1}^{n} b_{ij} = 1$$

Output-Koeffizienten können zu Aussagen über die Absatzstruktur der Produktionsbereiche herangezogen werden. Die b_{ij} erfassen den Anteil der Produktion des Sektors i, der im Sektor j als Vorleistung eingesetzt wird.

Beispiel
Gegeben sind die Werte der Vorleistungstabelle (für 3 Produktionsbereiche):

	1	2	3
1	6	0	8
2	4	1	5
3	0	0	1

Außerdem sind bekannt: $x_1 = 15$, $x_2 = 12$ und $x_3 = 16$.

Wird die Reihenfolge der Produktionsbereiche 1 und 2 geändert, so ergibt sich die folgende „triangulierte" Vorleistungstabelle:

	2	1	3
2	1	4	5
1	0	6	8
3	0	0	1

Es zeigt sich, daß der Sektor 2 von den restlichen Sektoren keine Vorleistungen bezieht, während der Sektor 3 in bezug auf die Vorleistungen von den Sektoren 2 und 1 abhängig ist. Die Hierarchie der Vorleistungsunabhängigkeit lautet demnach 2, 1, 3. Analog läßt sich eine obere Dreiecksmatrix konstruieren (Reihenfolge der Sektoren: 3, 1, 2).

Berechnet man die *Input-Koeffizienten*, so läßt sich die folgende Matrix der Input-Koeffizienten aufstellen:

	1	2	3
1	0,40	0	0,50
2	0,27	0,08	0,31
3	0	0	0,06

Der Sektor 2 kann als wenig vorleistungsintensiv charakterisiert werden, während im Sektor 3 die Vorleistungen 87 % des Inputs betragen.

Analog kann die Matrix der *Output-Koeffizienten* gebildet werden:

	1	2	3
1	0,40	0	0,53
2	0,33	0,08	0,42
3	0	0	0,06

93 % des Outputs im Sektor 1 werden als Vorleistungen im eigenen Bereich und im Sektor 3 eingesetzt. 94 % des Outputs im Sektor 3 sind der Endnachfrage zuzuordnen.

Literaturhinweise

Bartels, H., G. Hanisch und *W. Lauckner:* Möglichkeiten und Grenzen der Berechnung von Input-Output-Tabellen für die Bundesrepublik Deutschland (dargestellt an einem praktischen Beispiel), *in:* Wirtschaft und Statistik 1965, S. 69–81.

Junior, G.: Die Produktionsverflechtung und ihre Darstellung (input-output-Rechnung), *in: A. Blind* (Hrsg.): Umrisse einer Wirtschaftsstatistik, Hamburg 1966, S. 302–313.

Krelle, W.: Volkswirtschaftliche Gesamtrechnung einschließlich input-output-Analyse für die Bundesrepublik Deutschland, 2. Auflage, Berlin 1967.

Krengel, R. (Hrsg.): Aufstellung und Analyse von Input-Output-Tabellen. Göttingen 1973.

Statistisches Bundesamt: Fachserie N (Volkswirtschaftliche Gesamtrechnungen) Reihe 2: Input-Output-Tabellen 1965, Stuttgart und Mainz 1972.

–: Gegenwarts- und Zukunftsaufgaben der amtlichen Statistik, Stuttgart und Mainz 1972.

Anhang

Konjunkturschwankungen und Zyklendatierung

Konjunkturschwankungen werden in der volkswirtschaftspolitischen und in der volkswirtschaftstheoretischen Literatur überwiegend als mittelfristige Schwankungen der wirtschaftlichen Entwicklung (einer Volkswirtschaft) interpretiert. Dabei zeigen die Erfahrungen der Vergangenheit eine mehr oder weniger regelmäßige Abfolge wirtschaftlicher (konjunktureller) „Wechsellagen": an eine *Aufschwungphase* der wirtschaftlichen Entwicklung (Prosperität, Boom, expansive Phase) mit einem oberen Wendepunkt (Hochkonjunktur) schließt sich in der Regel eine *Abschwungphase* (Rezession, kontraktive Phase) mit einem unteren Wendepunkt an.

Geht man davon aus, daß konjunkturelle Schwankungen durch geeignete wirtschaftsstatistische Größen (Konjunkturindikatoren) beschrieben werden können, dann läßt sich die Vielzahl der angebotenen Konjunkturdefinitionen in einem ersten Schritt in 2 Gruppen einteilen: einmal wird von Kontraktions- und Expansionsvorgängen ausgegangen, die ihren Ausdruck in Schwankungen der *absoluten* Werte der jeweiligen Konjunkturindikatoren finden, und zum anderen werden die Konjunkturschwankungen als *relatives* Schwankungsphänomen gesehen, d. h. als Schwankungen des wirtschaftlichen Wachstums einer Volkswirtschaft *(Wachstumszyklen)*. Die Konjunkturschwankungen in der Bundesrepublik Deutschland lassen sich primär als Wachstumszyklen interpretieren, die ihren Ausdruck etwa in zu- oder abnehmenden Wachstumsraten der entsprechenden Konjunkturindikatoren finden.

Zur Datierung der Wachstumszyklen wird in der Bundesrepublik Deutschland häufig auf das Bruttosozialprodukt (zu Marktpreisen, nominal oder real) abgestellt, das als umfassender Indikator der wirtschaftlichen Entwicklung angesehen werden kann.

Das Statistische Bundesamt stellt zur Zeit jedoch lediglich halbjährlich und jährlich entsprechende Angaben zur Verfügung, aus denen das Deutsche Institut für Wirtschaftsforschung in Berlin schätzungsweise Vierteljahreswerte berechnet. Bei der Benutzung der Zahlen des Statistischen Bundesamtes ist zu beachten, daß die Halbjahreswerte der Volkswirtschaftlichen Gesamtrechnungen zum Teil auf Schätzungen beruhen und auch die Jahreswerte häufig revidiert werden müssen.

Zur kurzfristigen (monatlichen) Analyse stehen lediglich für Teilbereiche geeignete Konjunkturindikatoren zur Verfügung: Index der industriellen Nettoproduktion der gesamten Industrie („Industriekonjunktur"), Zahl der Beschäftigten oder Zahl der Arbeitslosen („Beschäftigungskonjunktur") oder Index der Erzeugerpreise industrieller Produkte bzw. Preisindex für die Lebenshaltung („Preiskonjunktur").

Ein relativ einfaches Verfahren zur Zyklendatierung stellt die *Wachstumsraten-analyse* dar, die in die folgenden Schritte zerlegt werden kann:

1. Die Zeitreihenwerte (x_t mit $t = 1, 2, \ldots, n$) eines ausgewählten Konjunkturindikators, der monatlich oder vierteljährlich verfügbar sein sollte, werden in Wachstumsraten $[w_t = (x_t/x_{t-1}) \cdot 100 - 100]$ transformiert, aus denen die ersten Differenzen ($\Delta w_t = w_t - w_{t-1}$) berechnet werden. Sind die ersten Differenzen Δw_t überwiegend positiv, so kann von einer Aufschwungphase des Wachstumszyklus gesprochen werden, bei überwiegend negativen ersten Differenzen Δw_t liegt eine Abschwungphase vor. Durch die Bildung der Wachstumsraten (vgl. auch S. 31) wird eine weitgehende Ausschaltung des Trends und eventueller saisonaler Schwankungen in der Ausgangszeitreihe erreicht.
2. Zur näheren Charakterisierung der Aufschwung- und Abschwungphasen können Gliedzahlen (vgl. S. 30) der ersten Differenzen Δw_t gebildet werden: $y_t = \Delta w_t / \Delta w_{t-1}$. Positive Werte von y_t zeigen eine Fortdauer des jeweiligen Aufschwungs oder Abschwungs an (prozyklisches Verhalten), während negative Werte von y_t auf den Übergang von einer Aufschwung- in eine Abschwungphase bzw. umgekehrt hinweisen (antizyklisches Verhalten). Gilt $|y_t| > 1$, so liegt eine Verstärkung des Aufschwungs bzw. des Abschwungs vor (überproportionales Verhalten). Die relevanten Werte von y_t können wie folgt interpretiert werden:

Fall A: $y_t > 1$	überproportional prozyklisch (gleichgerichtete Verstärkung des Aufschwungs oder Abschwungs),
Fall B: $0 < y_t < 1$	unterproportional prozyklisch (gleichgerichtete Dämpfung des Aufschwungs oder Abschwungs),
Fall C: $-1 < y_t < 0$	unterproportional antizyklisch (gedämpfter Übergang eines Aufschwungs in einen Abschwung bzw. umgekehrt),
Fall D: $y_t < -1$	überproportional antizyklisch (verstärkter Übergang eines Aufschwungs in einen Abschwung bzw. umgekehrt).

Bei der Interpretation von y_t ist zu beachten, daß die Dämpfung oder Verstärkung sowie das prozyklische oder antizyklische Verhalten stets auf die Situation in der Vorperiode zu beziehen ist.

Der Fall A wird zu Beginn eines Aufschwungs oder eines Abschwungs zu erwarten sein, der Fall B gegen Ende einer Aufschwungphase oder Abschwungphase.

Beispiel

Um zu einer überschaubaren Darstellung zu gelangen, wird ausgehend von den Jahreswerten (!) des nominalen Bruttosozialprodukts [in Mrd. DM, hier mit x_t ($t = 1960, 1961, \ldots, 1974$) bezeichnet, für 1973 und 1974 vorläufige Ergebnisse] eine Datierung der Wachstumszyklen vorgenommen.

t	x_t	w_t	Δw_t	y_t	Fall
1960	302,2	–	–	–	–
1961	332,6	10,0	–	–	–
1962	360,1	8,3	– 1,7	–	–
1963	384,2	6,7	– 1,6	0,9	B
1964	420,9	9,6	3,0	– 1,8	D
1965	460,4	9,4	– 0,2	– 0,1	C
1966	490,7	6,6	– 2,8	14,0	A
1967	495,5	1,0	– 5,6	2,0	A
1968	540,0	9,0	8,0	– 1,4	D
1969	605,2	12,1	3,1	0,4	B
1970	685,6	13,3	1,2	0,4	B
1971	761,9	11,1	– 2,2	– 1,8	D
1972	833,9	9,5	– 1,6	0,7	B
1973	926,9	11,2	1,7	– 1,1	D
1974	994,0	7,2	– 4,0	– 2,3	D

Der Wert $y_t = -0{,}1$ für 1965 ist wie folgt zu interpretieren: Der Aufschwung in 1964 ist 1965 in einen (bezüglich der Veränderung 1965 unterproportionalen) Abschwung übergegangen.

Geht man von den Vierteljahreswerten des Bruttosozialprodukts (in Mrd. DM, ab 1950, für 1973, 1974 und 1975 vorläufige Werte) aus, so ergibt sich für die Bundesrepublik Deutschland die folgende Datierung der Wachstumszyklen.

2. Zyklus (Dauer 17 Quartale)	Aufschwung Abschwung	2. Quartal 1954 bis 3. Quartal 1955 4. Quartal 1955 bis 2. Quartal 1958
3. Zyklus (Dauer 19 (Quartale)	Aufschwung Abschwung	3. Quartal 1958 bis 1. Quartal 1960 2. Quartal 1960 bis 1. Quartal 1963
4. Zyklus (Dauer 18 Quartale)	Aufschwung Abschwung	2. Quartal 1963 bis 2. Quartal 1965 3. Quartal 1965 bis 3. Quartal 1967
5. Zyklus (Dauer 17 Quartale)	Aufschwung Abschwung	4. Quartal 1967 bis 2. Quartal 1970 3. Quartal 1970 bis 4. Quartal 1971
6. Zyklus (Dauer →)	Aufschwung Abschwung	1. Quartal 1972 bis 2. Quartal 1973 3. Quartal 1973 →

Auf den Seiten 122 bis 125 sind die Zeitreihen der Originalwerte (x_t), der Wachstumsraten (w_t), der ersten Differenzen der Wachstumsraten (Δw_t) und der Glied-

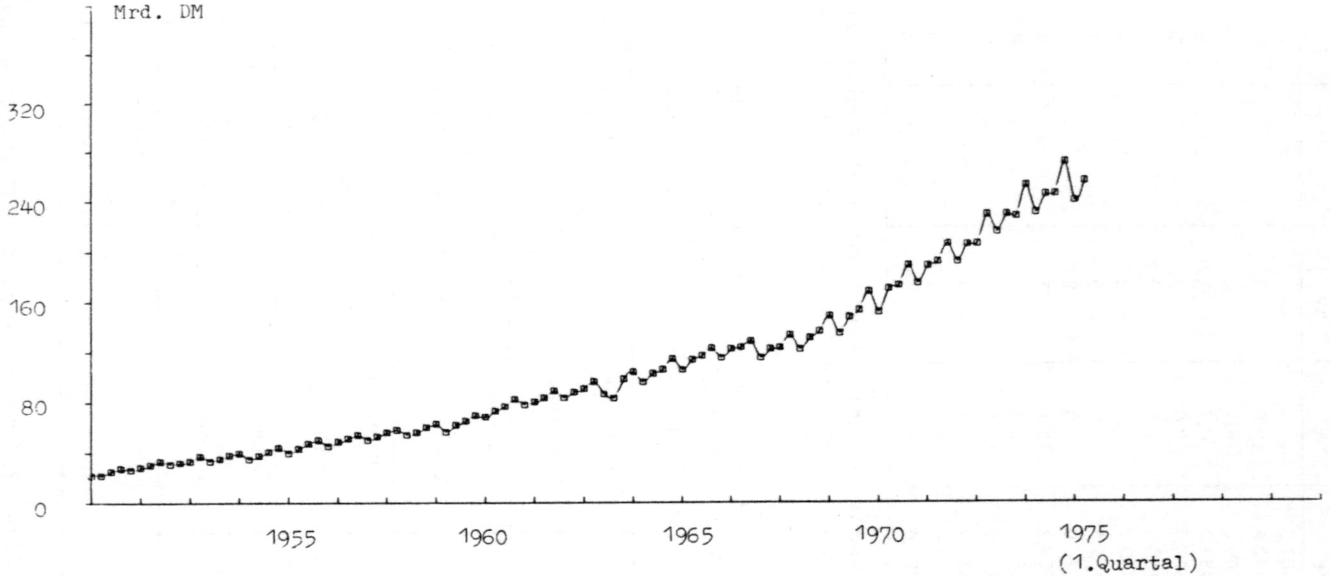

Bruttosozialprodukt in laufenden Preisen
(Vierteljahreswerte: 1.Quartal 1950 bis 2.Quartal 1975)

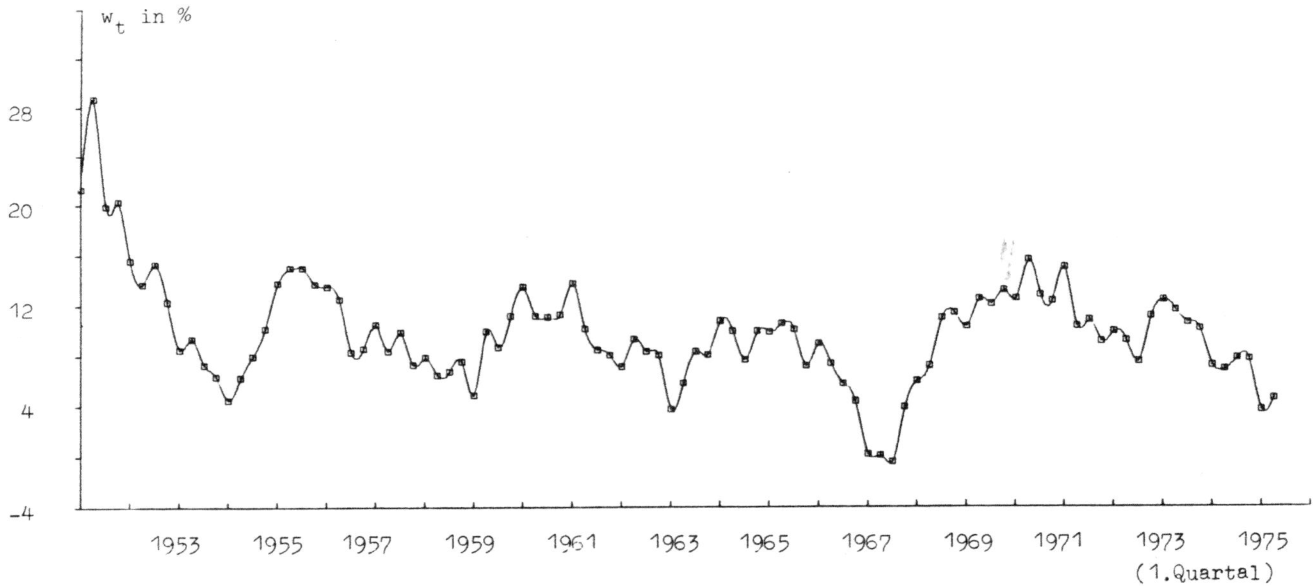

Wachstumsraten des Bruttosozialprodukts
(Vierteljahreswerte: 1.Quartal 1951 bis 2.Quartal 1975)

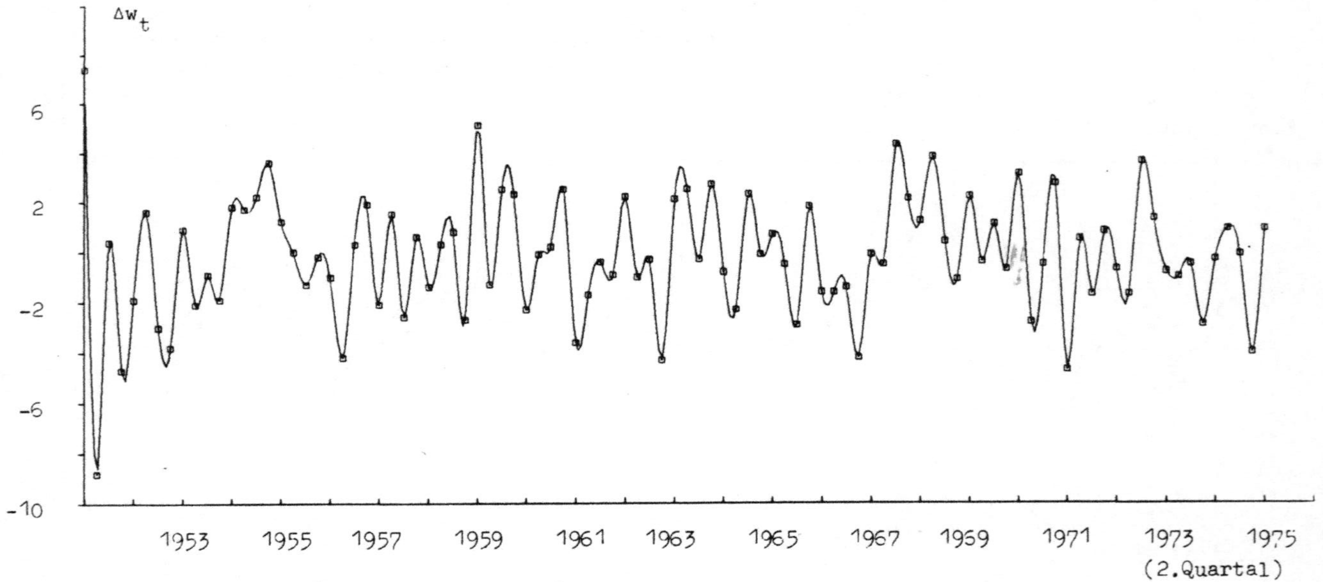

Erste Differenzen (der Wachstumsraten)
des Bruttosozialprodukts
(Vierteljahreswerte: 2.Quartal 1951 bis 2.Quartal 1975)

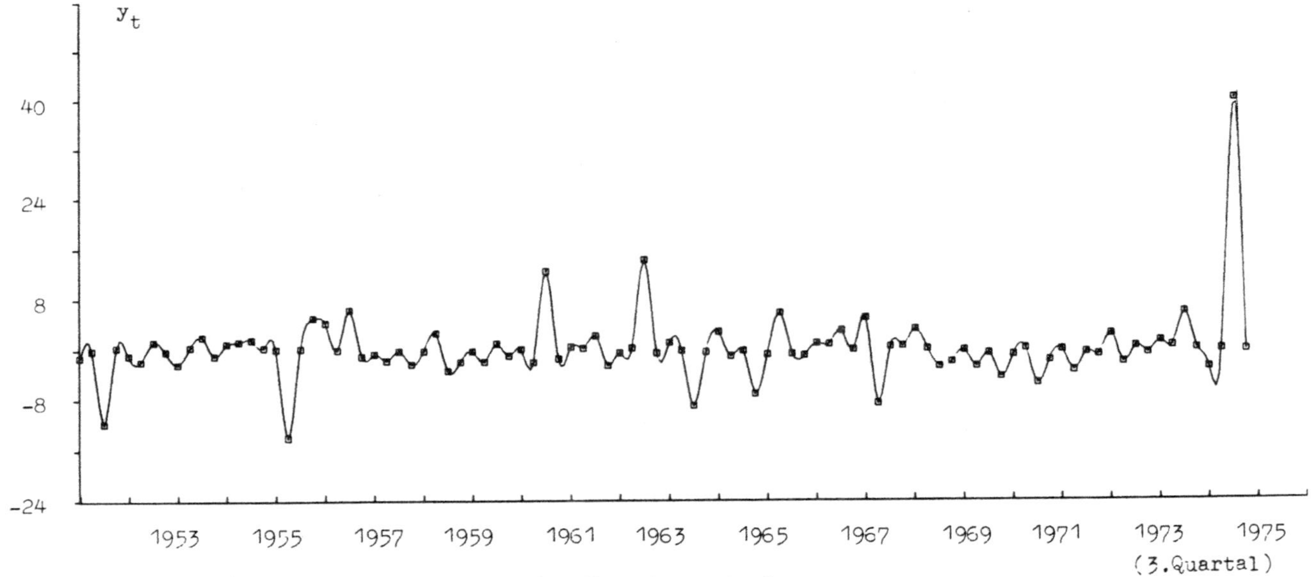

Gliedzahlen (der ersten Differenzen der Wachstumsraten)
des Bruttosozialprodukts
(Vierteljahreswerte: 3.Quartal 1951 bis 2.Quartal 1975)

zahlen der Δw_t (y_t) graphisch dargestellt. Die Originalwerte sind der Vierteljährlichen Volkswirtschaftlichen Gesamtrechnung des Deutschen Instituts für Wirtschaftsforschung entnommen (bis 1959 Bundesrepublik Deutschland ohne Saarland und Berlin, ab 1960 Bundesrepublik Deutschland einschließlich Saarland und Berlin).

Es zeigt sich, daß der Wachstumszyklus in der Bundesrepublik Deutschland durchschnittlich 4 bis 5 Jahre dauert (Aufschwungphase und Abschwungphase). Die Abstellung auf Konjunkturindikatoren aus Teilbereichen (wie industrielle Produktion oder Beschäftigung) führt zu einem entsprechenden Ergebnis. Im Einzelfall zeigen sich jedoch Unterschiede in bezug auf die Amplituden (Ausmaß der Schwankungen, gemessen etwa an den Wachstumsraten) und in bezug auf die Phasen (vorlaufende und nachlaufende Zeitreihen) der zyklischen Bewegungen. Wählt man das Bruttosozialprodukt (in laufenden Preisen) als Referenzreihe, dann sind vorlaufende Zeitreihen (Frühindikatoren der wirtschaftlichen Entwicklung) in den folgenden Bereichen zu finden: Gewinnentwicklung (etwa Bruttoeinkommen aus Unternehmertätigkeit und Vermögen), Investitionstätigkeit (etwa Bruttoanlageinvestitionen), Nachfrageentwicklung (etwa Indexzahlen aus der Auftragseingangs- und der Auftragsbestandsstatistik, Zahl der offenen Stellen u. ä.), und industrielle Produktionsentwicklung (etwa Index der industriellen Nettoproduktion). Im Durchschnitt nachlaufende Zeitreihen sind: Bruttolohn- und Bruttogehaltssumme in der Industrie, Bruttoeinkommen aus unselbständiger Arbeit, privater Verbrauch und Staatsverbrauch, Index der Erzeugerpreise industrieller Produkte und Preisindizes für die Lebenshaltung.

Bei der Benutzung der entsprechenden Durchschnittsergebnisse ist zu beachten, daß sie einmal auf einer Untersuchung der wirtschaftlichen Entwicklung in der Vergangenheit beruhen, und daß zum anderen der durchschnittliche Vorlauf oder Nachlauf einer Zeitreihe von der konjunkturellen Entwicklung (Aufschwung- oder Abschwungphase) abhängig sein kann.

Literaturhinweise

Deutsches Institut für Wirtschaftsforschung: Vierteljährliche Volkswirtschaftliche Gesamtrechnung (1950 bis 1960 Bundesrepublik Deutschland ohne Saarland und Berlin; 1960 bis 1975 Bundesrepublik Deutschland einschließlich Saarland und Berlin), Berlin 1972 ff.

Ott, A. E. und *A. Wagner:* Materialien zu den Wachstumszyklen in der Bundesrepublik Deutschland, *in: A. E. Ott* (Hrsg.): Wachstumszyklen – über die neue Form der Konjunkturschwankungen, Berlin 1973, S. 157–181.

Wagner, A: Die Wachstumszyklen in der Bundesrepublik Deutschland, Tübingen 1972.

Weichardt, R.: Statistische Fehler in internationalen Wachstumszyklenvergleichen, *in:* Jahrbücher für Nationalökonomie und Statistik 1976, S. 61–66.

Literaturverzeichnis und Datenquellen

Blind, A. (Hrsg.): Umrisse einer Wirtschaftsstatistik, Hamburg 1966.

Esenwein-Rothe, I.: Allgemeine Wirtschaftsstatistik (Kategorienlehre), 2. neubearbeitete Auflage, Wiesbaden 1969.

Hüfner, W. (Hrsg.): Die Statistik im Dienste der Wirtschaftspolitik, Göttingen 1967.

Hüttner, M.: Grundzüge der Wirtschafts- und Sozialstatistik, Wiesbaden 1973.

Kuchenbecker, H.: Grundzüge der Wirtschaftsstatistik, Herne und Berlin 1970.

Lippe, P. v. d.: Wirtschaftsstatistik, Stuttgart, 1973.

Menges, G. und *H. J. Skala:* Grundriß der Statistik Teil 2: Daten (Ihre Gewinnung und Verarbeitung), Opladen 1973.

Statistisches Bundesamt (Hrsg.): Stichproben in der amtlichen Statistik, Stuttgart und Mainz 1960.

–: Das Arbeitsgebiet der Bundesstatistik (Ausgabe 1971), Stuttgart und Mainz 1971.
gart und Mainz 1971.

Strecker, H. und *W. R. Bihn* (Hrsg.): Die Statistik in der Wirtschaftsforschung, Berlin 1967.

Wagenführ, R.: Wirtschafts- und Sozialstatistik (gezeigt am Beispiel der Bundesrepublik Deutschland),
Band 1: Produktionsweise und güterwirtschaftliche Reproduktion, Freiburg 1970,
Band 2: Einkommen und finanzielle Ströme, der Gesamtprozeß und seine Effizienz, Freiburg 1973.

Zusätzlich ist insbesondere auf die folgenden Zeitschriften hinzuweisen: Allgemeines Statistisches Archiv (Organ der Deutschen Statistischen Gesellschaft, Göttingen), Statistische Hefte (Internationale Zeitschrift für Theorie und Praxis, Opladen) und Wirtschaft und Statistik (Hrsg.: Statistisches Bundesamt).

Spezielle Literaturhinweise finden sich am Ende der einzelnen Abschnitte.

Die (amtlichen) Zahlenangaben in diesem Text sind den folgenden Quellen entnommen:

- Übersichten 7–12, 15–18 und 20: Jahrgänge 1972–1975 von „Wirtschaft und Statistik".
- Übersicht 14: Fachserie D (Industrie und Handwerk), Reihe 2 Sonderbeitrag, Stuttgart (Mai) 1975.
- Übersichten 24 und 25 sowie Abschnitt C 3.4 (Volkswirtschaftliche Gesamtrechnung für die Bundesrepublik Deutschland 1972): Fachserie N (Volkswirtschaftliche Gesamtrechnungen), Reihe 1 Konten- und Standardtabellen 1972, Stuttgart (Oktober) 1973.

Register

Abhängigkeitsrate 69
Absatz s. Umsatz
Abscheideverfahren 19, 64
Abschreibungen 90, 93, 105
Abschwungphase 119 ff.
Absoluter Fehler 42
Abteilungen (in der Systematik der Wirtschaftszweige) 16
Adäquationsproblem 12
Additionsmethode 93
Aggregate 86
Aggregatformeln 36
Amtliche Statistik
– Aufgabe 13 f., 33, 40
– Organisation 14 f.
– Erhebungen 19 ff.
– nicht- 14
Annullierung 56
Anteil des Auftragseingangs am Umsatz 54
Arbeiterstunden (Zahl der geleisteten-) 63, 70
Arbeits-
– lose (Zahl der –) 68 f., 71, 119
– losenentwicklung 71 f.
– losenquote 72
– marktstatistik 13, 20
– produktivität 23, 77, 113
– stättenzählung 20
– vermittlung (Statistik der-) 20, 71
Arithmetisches Mittel 32 f.
Aufbereitung des Datenmaterials 15, 18, 41, 55 f.
Aufschwungphase 119 ff.
Auftragsbestand (-sstatistik) 19, 54, 58
Auftragseingang (-sstatistik) 19, 22, 28, 54 ff.
Ausfuhr 23, 80 f., 93
– aus Lager 80 f.
– direkte 80 f.
– -überschuß 83
Ausgabengruppen 46 f.
Auskunftspflicht 14
Ausland 80
Außenbeitrag 110
Außenhandels-
– entwicklung 28, 79
– statistik 19, 23
– volumen 79, 82
– werte 82

Bankenliquidität 23
Basis (-zeitraum, -periode, -jahr, -wert) 30, 33 ff.
Befreiungsgrenze 19, 79
Behörden (-teile) 13
Berichtsperiode 28, 30, 33 ff.
Beschäftigte (Zahl der -n) 17, 19, 70, 77, 119
Beschäftigten-
– entwicklung 68 ff.
– statistik (neue) 70
Bestandsveränderungen 61 f., 98
Beteiligtenkonzept 17, 22, 52, 55
Betrieb 18 f., 60, 63
Bewegungskomponenten (von Zeitreihen) 29 f.
Beziehungszahlen 29
Brutto-
– anlageinvestitionen 90, 105, 126
– austauschverhältnis 84
– inlandsprodukt 41, 90 ff.
– investition 93, 105
– konzept 90
– lohn- und Bruttogehaltssumme 22 f., 73 f., 126
– produktionswert 60 ff., 65, 90, 93, 98
– sozialprodukt 41, 90 ff., 119
– verdienste 25, 73
Buchungssysteme 86 ff.
Bundes-
– anstalt für Arbeit 13, 70
– statistik 14 ff., 27

Cut-off-Verfahren 19, 64

Datenerhebung 11
Deflationierung 36 f., 56, 63, 112
Deutsche Bundesbank 13, 23
Devisenkurse (Statistik der-) 24
Differenzmethode 93
Direkte Steuern 106
Durchfuhr 23, 80 f.

Effektenkurse (Statistik der-) 23
Effektivverdienste 73 f.
Eigen-
– leistungen 96
– miete 96
– verbrauch 96

Einfuhr 23, 80 f., 93
– auf Lager 80 f.
– aus Lager 80 f.
– direkte 80 f.
Einkaufsmethode 62, 104
Einkommen (Einnahmen) 24 f., 93
– aus unselbständiger Arbeit 94, 106, 126
– aus Unternehmertätigkeit und Vermögen 94, 106, 126
Einkommens-
– austauschverhältnis 84
– entstehungskonto 97
– entwicklung 73 ff.
– umverteilung 91
– umverteilungskonto 97
– und Verbrauchsstichprobe 19, 25, 28, 46, 73
– verteilungskonto 97
– verwendungskonto 97
Emmissionsstatistik 23
Entstehungs-
– gleichung 87 f.
– rechnung 93 f., 110
Erhebung(en)
– des Datenmaterials 15, 18, 41
– in der amtlichen Statistik 14, 19 ff.
– laufende 19
– repräsentative 19
– sformen 18 f.
– sfrequenz 19
– sgebiet in der Außenhandelsstatistik 79
– skreise in der Verbraucherpreisstatistik 49
– szeitraum 28
Ersatzreihen 60, 63, 78
Erste Differenzen 30, 42, 120
Erweitertes Produktionskonto 98
Erwerbs-
– konzept 68 ff.
– lose(nquote) 68 ff.
– personen 68
– quote 68 f.
– tätige 68 f., 91
– tätigkeit 20, 68 f.
– und Vermögenseinkommen 90 f.
Exporte s. Ausfuhr
Exportquote (industrielle) 54 f.

Fachlicher Betriebsteil 18
Fachliche Zentralisierung 14 f.
Fachserien 27 f.
Faktorkosten 91 f.
Fehler
– absoluter F. 42 f.
– -arten 40 f.
– -fortpflanzung 42 f.
– Gesamtf. 40 ff.
– -quellen 40 f.
– relativer F. 42 f.
Fehler
– systematischer F. 40 f.
– Zufallsf. 40 f.
Finanzierungs-
– konto 98
– saldo 112
Frühindikatoren 57 f., 126

Gebietskörperschaften 95
Geheimhaltungspflicht 14
Geld-
– sätze (Statistik der –) 24
– und Kreditstatistik 13, 23, 28
– volumenstatistik 23
– wert(stabilität) 45
Genauigkeit (wirtschaftsstatistischer Daten) 40 f.
Generalhandel 79, 81
Geometrisches
– Mittel 32 f.
– Wachstum 31
Gesamtfehler 40
Geschlossener Kreislauf 89
Gewichte (Gewichtung) 32 ff., 48, 52
Gewichtetes
– arithmetisches Mittel 32 f., 45, 84
– harmonisches Mittel 32 f.
– geometrisches Mittel 32 f.
– Mittel 32 ff.
Gleichungsform 88
Gliederungszahlen 29
Gliedzahlen 30 f., 43, 120
Goldbestand 23
Grenzübergang 23
– -swerte (System der –) 79, 82
Grundstoff- und Produktionsgüterindustrien 17, 52, 65
Güterkonto 97

Halb- und Fertigerzeugnisse 21, 61, 98
Handelsware 21, 61, 98
Handwerk 16
Harmonisches Mittel 32 f.
Hauptbeteiligungskonzept 17, 55, 63
Hauptgruppen (der Verarbeitenden Industrie) 16
Haushalts-
– buch 26, 46
– einkommen 26, 46
– typ 26, 46 ff.

Importe s. Einfuhr
Importierte Inflation 84
Index (Indizes)
– der Ausfuhr- und Einfuhrpreise 27, 29
– der durchschnittlich bezahlen Wochenstunden der Arbeiter in der Industrie 25, 73 f.

Index (Indizes)
– der durchschnittlichen Bruttomonatsverdienste der Angestellten in Industrie und Handel 25, 73 f.
– der durchschnittlichen Bruttostunden- und -wochenverdienste der Arbeiter in der Industrie 25, 73 f.
– der Durchschnittswerte 79, 82 f.
– der Effektivverdienste 27, 73 f.
– der Einzelhandelspreise 27, 51
– der Erzeugerpreise industrieller Produkte 27, 56, 84, 119, 126
– der industriellen Nettoproduktion 22, 62 ff., 77, 119, 126
– der industriellen Bruttoproduktion 22, 52, 65
– der tariflichen Monatsgehälter (und Wochenarbeitszeiten) der Angestellten 25, 74 f.
– der tariflichen Stundenlöhne (Wochenlöhne und Wochenarbeitszeiten) der Arbeiter 25, 74 f.
– der tatsächlichen Werte 82 f.
– der Verbraucherpreise 27, 46 ff.
– des Auftragsbestands 58, 126
– des Auftragseingangs 55 ff., 126
– des Produktionsergebnisses (je Beschäftigten, je Arbeiter, je Beschäftigtenstunde, je Arbeiterstunde) 77
– des Volumens 82 f.
Indexhaushalt 37
Indexzahlen (Indizes) 33 ff., 42
– Interpretation 37
– Teil- 39
Indikatoren 12, 19, 28, 38, 46, 51, 62, 92, 119
Indirekte Steuern 91, 105
Industrie 16, 20
Industriebericht-
– erstattung 22
– für Kleinbetriebe 22, 54
– monatlicher I. 19, 22, 54 f., 63, 70, 73, 77
Industriestatistik 18, 82
Inlands-
– konzept 90 f.
– produkt 90
Inländer-
– konzept 90 f.
– produkt s. Sozialprodukt
Input-
– Koeffizienten 114, 116 f.
– Output-Tabellen 87, 114 ff.
Interpretation (wirtschaftsstatistischer Daten) 41
Investitions-
– erhebung (jährliche) 21
– güterindustrien 17, 52, 65

Konjunktur-
– politik 12
– schwankungen (-entwicklung) 30, 40, 45, 119 ff.
Konsolidierung 98, 107
Konten-
– form (-darstellung) 86 f.
– gliederung 96 f.
Kontrolle (von Laspeyres-Preisindexzahlen) 38
Konzentrationsprinzip 19
Kostenstrukturstatistik 20, 54, 73
Kredit-
– institute 95
– statistik 23
Kreislauf-
– darstellungen 86 ff.
– form 88

Lagerverkehr 80 f.
Laspeyres (-Indexzahlen, -Verfahren) 34 ff., 83
– Preisindex 34 ff., 46 ff.
Laufende Wirtschaftsrechnungen s. Wirtschaftsrechnungen
Lebenshaltungskosten 34, 51
Legalisierung 14
Letzter Verbrauch 104
Löhne und Gehälter 24 f.
Lohn-
– drift 73, 75
– quote (Brutto-) 113
– und Gehaltsstrukturerhebung 24, 73

Marktpreise 90 f.
Matrix (-form, -notation) 86 f.
Mehrwertsteuer 38, 52, 61
Mengenindex 34 ff.
– nach Laspeyres 34 ff., 62, 65
– nach Paasche 34 ff.
Mengenmeßzahl 33 ff.
Meßzahl(en) 30, 33 ff., 63
Mikrozensus 19 f., 28, 68
Mindestreservenstatistik 23
Mittelwerte 32 ff.
Monatlicher Industriebericht s. Industriebericht
Monatsberichte (der Deutschen Bundesbank) 28
Monetäre Ströme 87

Nachfrage (-entwicklung) 54 ff.
Nahrungs- und Genußmittelindustrien 17, 52
Netto-
– inlandsprodukt 92 (s. a. Wertschöpfung)
– konzept 90 f.
– prämien für Schadensversicherungen und Schadensversicherungsleistungen 106 f.

Netto-
– produkt 90
– produktionswert 60 ff.
– quote (industrielle) 60, 62
– sozialprodukt s. Volkseinkommen
Nichterwerbspersonen 69

Offene Stellen (Zahl der –) 71, 126
Organisationsprinzipien (der amtlichen Statistik) 14
Output-Koeffizienten 114, 116 f.

Paasche (-Indexzahlen, -Verfahren) 34 ff.
– Preisindex 34 ff., 112
Preis-
– bereinigung s. Deflationierung
– entwicklung 28, 41, 45 ff.
– index(zahl) 27, 34 ff., 45 ff.
  – in der volkswirtschaftlichen Gesamtrechnung 112
  – nach Laspeyres 34 ff., 46 ff.
  – nach Paasche 34 ff., 112
  – für die Lebenshaltung 27, 38, 46 ff., 119, 126
  – meldung 52
  – meßzahl(en) 33 ff.
  – niveau (-entwicklung, -stabilität) 33, 45
  – statistik 19, 26, 41
  – steigerungsrate 49 f.
Primärstatistik 18
Private-
– Haushalte 87, 93, 95
– Organisationen ohne Erwerbscharakter 96
Privater Verbrauch s. Verbrauch
Produktion
– industrielle 19
– Gesamt- 22
– zum Absatz bestimmte 22, 60
Produktions-
– eilbericht 22, 63, 65
– entwicklung 28, 33, 60 ff.
– konto 97
– statistik 22
– unternehmen 95
– verflechtung 114 f.
– wert 60
Produktivitätsentwicklung 77 f.
Prozentzahlen 29

Qualitätsänderungen 49, 51, 78
Quellen (amtlicher Daten) 27 f.
Quoten 29

Reale Ströme (Größen) 87, 112
Regionale Dezentralisierung 14 f.
Relativer Fehler 42 f.
Renditenstatistik 24
Repräsentationsgrad 57
Repräsentativgewichtung 57, 65
Restkomponente 30
Roh-, Hilfs- und Betriebsstoffe 61

Saisonkomponente 30, 32
Sektoren 86
– -bildung (-gliederung) 93 ff.
– Unter- 94
Sekundärstatistik 18, 73, 93
Selbsterstellte Anlagen 61, 98
Sonstige laufende Übertragungen 107
Sozialprodukt(berechnungen) 90 ff.
Sparquote 113
Spezialhandel 79, 81
Subventionen 91, 93, 105
Systematik(en) 15 ff.
– der Wirtschaftszweige 16, 21, 26 f., 70
Systematischer Fehler 40
Systematisches
– Verzeichnis zum monatlichen Industriebericht 16
– Warenverzeichnis für die
  – Außenhandelsstatistik 82
  – Industriestatistik 17, 22, 26, 52, 65, 82

Schätzung(en) 28, 46, 93
Schwerpunktprinzip 17 f., 64 f.

Staat 86, 93, 95
Staatsverbrauch s. Verbrauch
Statistik (s. a. Erhebung)
– amtliche 13 f.
– ausgelöste 13
– Wirtschafts- 11 f.
Statistische
– Ämter der Gemeinden 13, 27
– Beihefte 28
– Methodenlehre 11
Statistischer Beirat 15
Statistisches
– Bundesamt 13 ff., 27, 31
– Jahrbuch 27
– Landesamt 13
Stichprobe 19
Struktur-
– effekt der Arbeitsproduktivität 78
– erhebung 15, 19
– veränderungen 38

Tariflöhne und -gehälter (Statistik der –) 25, 73, 75
Teil-
– erhebung 18
– indexzahlen 39
– statistik (repräsentative) 18 f.

Terms-of-trade 79, 84
Totalstatistik (-erhebung) 18
Transformationen 29 ff., 43
Trend 30, 32
Triangulation 114, 116 f.
Typengebundene Preisindizes für die Lebenshaltung 46 ff.
Typische Auswahl 19, 49

Umbasierung 38
Umsatz 17, 58, 63
– Inlands- und Auslands- 54 f.
– steuerbarer – 55
– wirtschaftlicher 54, 61
Umverteilung 91
Unterhaltungskonzept 68 f.
Unternehmen 16, 18, 20, 86, 93 f.
Unterstellte-
– Bankgebühr 96
– wirtschaftliche Vorgänge 93, 96

Veränderungsraten im Vorjahresvergleich s. Wachstumsraten
Veränderungszahlen 30
Verarbeitende Industrie 17, 21, 52
Verarbeitendes Gewerbe 16
Verbrauch
– privater 25, 91, 92, 104, 126
– Staats- 93, 104, 126
– -sgüterindustrien 17, 52, 65
Verbraucher-
– preisindexzahlen 27, 51
– verhalten (rationales –) 37
Verdienststatistik (laufende) 24, 73
Verfügbarkeit (statistischer Daten) 27 f., 37, 93
Verkäufe 98
Verkehrsstatistik 13
Vermögens-
– bildung 88
– änderungskonto 98
– übertragungen 107
Versicherungs-
– statistik 13
– unternehmen 95
Verteilungsrechnung 87, 93, 110 f.
Verwendungs-
– gleichung 88
– rechnung 37, 87, 93, 110, 112
Vierteljährliche Produktionserhebung 22, 28
Volkseinkommen 90, 92
Volkswirtschaftliche Gesamtrechnungen 18, 37, 46, 61, 86 ff.
Volkszählung 20, 28, 68
Vorleistungen 61 f., 90, 93, 104
Vorleistungsverflechtung 116
Vorrats(ver)änderung 105

Wachstum (geometrisches) 31
Wachstums-
– faktoren 30
– raten 31, 38, 42 f., 120
-analyse 120 ff.
– zyklen 119 ff.
Waren (-gruppen, -arten, -zweige, -klassen) 17, 52
– – korb 37, 48 ff.
– – produzierendes Gewerbe 16, 21
Wert-
– index(zahl) 34 ff., 51
– meßzahl 33 ff.
– papierstatistik 23
– schöpfung 90, 92 ff.
Wirtschaftliche
– Ströme 87
– Vorgänge (laufende) 98
Wirtschafts-
– forschungsinstitute 14
– politik 12, 31
– rechnungen (ausgewählter privater Haushalte) 25 f., 46, 73
– statistik 11
– theorie 11
– verbände 14
– wissenschaftliche Institute 14
Wirtschaft und Statistik 27

Zeitreihe 29
Zensus (im Warenproduzierenden Gewerbe) 21, 54, 62, 73
Zollgebiet (-inland) 80
Zufalls-
– fehler 40
– prinzip 19
Zusammengefaßtes
– Güterkonto 97, 114
– Konto der übrigen Welt 98
Zwischenauslandsverkehr 80 f.
Zyklendatierung 119 ff.
Zyklische Komponente 30

GPSR Compliance

The European Union's (EU) General Product Safety Regulation (GPSR) is a set of rules that requires consumer products to be safe and our obligations to ensure this.

If you have any concerns about our products, you can contact us on ProductSafety@springernature.com

In case Publisher is established outside the EU, the EU authorized representative is:

Springer Nature Customer Service Center GmbH
Europaplatz 3
69115 Heidelberg, Germany

Batch number: 10809468

Printed by Printforce, the Netherlands